MOMENT PRESENT

CARPE DIEM

PARISET CLAUDE
12/11/2020

Auteur Pariset Claude

© 2020, Pariset, Claude
Edition : Books on Demand,
12/14 rond-Point des Champs-Elysées, 75008 Paris
Impression : BoD - Books on Demand, Norderstedt, Allemagne
ISBN : 9782322258826
Dépôt légal : novembre 2020

Première partie : la vie quotidienne

Goethe a dit dans Faust : « Instant ! Ne t'arrête pas ! Tu es si beau ! »

Saint Exupéry dans le petit prince écrivit : « Dieu voit avec le cœur, les hommes avec les yeux ! »

Chapitre 1   Don

Si tu savais le don de DIEU si tu le recherches alors même que tu ne le vois pas à priori tu peux réfléchir aux sept dons de l'Esprit Saint que Thomas d'Aquin a formalisé :

☐ la sagesse
☐ l'intelligence
☐ la science
☐ la force
☐ le conseil
☐ la piété
☐ la crainte

Ainsi la sagesse est un don contemplatif, Dieu devient notre compagnon.

Puis l'intelligence aide à entrer dans le mystère de Dieu, de distinguer l'erreur de la vérité.

La science donne le sens de la précarité de l'univers.

La force donne la persévérance, le courage du témoignage c'est l'héroïsme de la petitesse.

Le conseil est le don du discernement spirituel, il permet de voir clair en soi.

La piété nous donne la confiance de l'enfant et nous rend proche aussi des autres.

La crainte n'est pas la peur de Dieu mais de sa grandeur elle suscite une attitude d'humilité et d'émerveillement.

Nous recevons à la Pentecôte ces sept dons et cette introduction de foi en Dieu peut déclencher l'envie d'écrire pour communiquer ses rêveries au lieu de les conserver dans un coin de son cerveau.

Logique ! Le passé appartient au passé ! Tout comme le livre " l'homme cet inconnu" le présent se mêle avec un passé vieux de quarante années avec ses ruptures de vie que mes rêves interprètent à mon insu. Au réveil mon élan va vers une réalité plus belle que ces moments de vaporeuses pensées et la toute présence en Morphée. Mes rêves se travestissent souvent en cauchemar, la bonne nouvelle est que je me réveille en voyant clair en moi, Dieu me conseille et sa lumière n'est ni virtuelle ni irréelle. Sans retenue je me lève pour prendre ma pilule d'humeur, rendue nécessaire dans ma faiblesse, là je me sens plus fort et émerveillé par l'aube naissante.

Tout le jour mon Ange gardien va me conseiller de ne pas dilapider mes réserves d'épargne pour satisfaire un moment d'ennui, de désespérance et de solitude. Je n'ai pourtant pas à me plaindre de ma situation familiale pleine de présence aimante. Je n'ai presque plus le goût de l'alcool qui est un piège. Presque pas de pâtisserie, de charcuterie, je profite d'une tisane quotidienne et d'un artichaut le soir dans le but de faire baisser un surpoids inquiétant. Mon régime amaigrissant se poursuit sans hâte mais avec persévérance par la force qui me guide.

Une diététicienne m'aide à effacer lesmes écarts d'alimentation, elle est d'un précieux conseil, l'écriture journalière des mets consommés lui est communiquée à chaque visite, de même que mon poids. Sans gamberge je ne bois plus de jus de fruits coûteux mais une boisson miracle, le Kéfir que nos anciens connaissaient.

Super cet épisode de pesée après le petit déjeuner où la réalité s'écrit en chiffres arabes sur une balance qui n'est pas de type zodiacal mais qui ne trompe pas avec des hauts et des bas pour mon régime Jockey. Mon poids fait du yoyo un peu mais l'espoir se nourrit de persévérance.

Pour revenir à mon fantasme passéiste, je me rappelle des propos de mon père : les amourettes de vacances comme celles des stars ne durent jamais longtemps, il fait ainsi de son expérience de l'exode où il rencontra sa future femme, ce n'était pas vraiment des vacances. Mais faudrait-il attendre un guerre prochaine pour rencontrer sa bien-aimée ; l'événement du confinement en est un.

Il me parlait aussi du chômage qui touche les jeunes : je suis heureux d'avoir honoré mon père en travaillant cosmogoniquement 37 années sous les drapeaux. Ces chômeurs en se confiant se heurtent à la désespérance de l'inadéquation des offres et demandes d'emploi du marché du travail, la tentation de l'oisiveté, la paresse, la délinquance, la drogue, le manque d'activité face à l'impuissance déterminée à zéro par les gouvernements français successifs depuis 1974 et la première crise du pétrole ; ainsi au début de la cinquième République le nombre de personnes en chômage était de 30000, maintenant en 2020 le seuil de 4 millions est atteint après les crises successives gilets jaunes, grèves de tout genre et le coronavirus. Ce sont des vecteurs négatifs dont nous sommes tous originels, face à l'inutilité de nos jeunes dont l'existence est en danger et plus encore par le manque de motivation devant leur espérance bafouée à la sortie de leur cursus estudiantin.

Nous, anciens pouvons-nous nous targuer d'être tous frères avec toute cette jeunesse qui a soif d'idéal ? Beaucoup s'orientent vers un travail plus écolo à l'étranger, en Autriche par exemple qui est un pays avec sa propre caractéristique de pays enclavé et plein d'Histoire.

Se trouver abandonné de sa mère patrie est une épreuve.

Chapitre 2   Agression

Celui, en l'ombre noire qui m'a asséné une telle gifle devrait se confondre de remords au lieu de fuir l'acte commis, pour cette action lâche après m'avoir abandonné à l'issue de son coup fulgurant.

La vie est plus forte il y a des pulsions qui nous animent : à partir ou à frapper son prochain. A-t-on vraiment le choix ? Pour tous~~tout~~ la vie est faite de petites choses agréables et désagréables, ainsi savoir saisir sa chance ou tomber par malchance ; reste la vérité divine.

Vérité divine comme celle de mon combat avec cet inconnu qui sans doute ne croit~~eroît~~ plus au Père et c'est dommage que cet échange ne soit pas un débordement de générosité et de charité en face de cette officine d'analyses médicales. Graine d'adulte violent entre hommes que l'on récolte un jour même si le lever est tôt. En petit tamis les jours s'égrènent~~s'égrennent~~, les rêves à jeun m'accompagnent seul dans les allées de la ville, je ne peux m'empêcher de me torturer l'Esprit bien involontairement... Je ferai un don en argent après que la postière ait apporté le courrier. Est ce ma conscience ou l'Esprit Saint ou encore mon Ange Gardien qui me commande? Extérieur ou intérieur des liens peuvent se créer par la parole, l'échange verbal ou l'écrit. Confondre les deux aspects spirituels n'est pas bien normal après la plaie morale concédée sans réplique, l'action était trop jeune, trop fraîche pour me zénifier. Le temps referme les plaies du jour, atténue les peines, je n'ai pas souffert, simplement été humilié dans un réel augmenté de quelque imagination, ceci va m'aider. Je n'arrête pas de fumer mon petit cigarillo après mon petit déjeuner.

La nuit prochaine grâce à mon cerveau j'allai donner un sens modifié à cet épisode. Tout est question de temps, sans autre souffrance que moral ; les consultations psychologiques fleurissent dans une société violente après les attentats, la question reste : de spectateur allons nous être victime un jour, malheur de se trouver là, parler de cette oppression soulage, la Nature et Dieu restent pour le commun mortel une idée salvatrice.

Chapitre 3   Informatique

Le sens modifié de mes rêves va me replonger à mes périodes de programmeur-analyste ; moment où je décortiquais des mots français pour en réaliser une adresse mémoire, comprenne qui pourra... Cela venait comme ça, au gré de ma pensée. J'avais bien du mal à écrire avec un logiciel américain ; le cobol était un langage technique centralisateur de données, loin de la bible malgré ses divisions propres aux sections ou chapitres préformatés ; la quatrième division représentait l'action après la première l'identification ; la seconde l'environnement avec les noms barbares des ordinateurs; la troisième la mémoire des données, fichiers, la mémoire de travail.

Ma boîte crânienne faisait l'ossature du programme où rien ne devait être omis : les calculs, les éditions ; l'écriture muette était solitaire et personnelle, l'action dans la quatrième division était l'apanage de la manipulation des données après laquelle devait sortir une ou plusieurs éditions. Il ne fallait pas oublier d'ouvrir les fichiers ni les fermer avant la lecture des données sinon le compilateur générait des erreurs qu'il fallait corriger.

Comme son nom l'indique l'ordinateur effectue dans l'ordre qu'on lui dicte une suite d'instructions jusqu'au terme du programme. Un résumé ne suffira pas pour nous éviter les fautes.

La syntaxe avec les mots réservés à l'ordinateur avait de l'importance, personne n'était à l'abri des erreurs de logique car le calculateur jugeait notre prose programmatique avec les données fournies, et les mots réservés reconnus par le logiciel.

Nous étions bien loin du chant des oiseaux, du printemps ou de l'automne, Le plus dur était la normalisation d'un problème révélé pour les besoins d'un service. Les résultats avaient seul de l'importance et les programmes bons du premier coup étaient rares. Humble générosité : le résultat ne nous appartenait plus dès sa sortie, il nous échappait comme une œuvre d'art échappe à l'artiste, ici le demandeur était bien réel, il attendra plusieurs jours ou plusieurs semaines après la définition dans un cahier des charges, la réalité de ses besoins sous forme écrite sur listing ou sur écran.

Nous étions créateurs grâce à l'Esprit Saint, notre ange gardien, et notre intelligence par le choix des mot en coupant nos cheveux en quatre souvent par ce vocabulaire approprié en conversation avec ce monstre ordinaire qu'est une mémoire centrale d'ordinateur.

Chapitre 4   Altercation

Similitudes du combat : hier je rencontrai chez le coiffeur un client de passage, alors que j'étais sur ma chaise pour une coupe, le gars semblait connaître le coiffeur et se targuait d'avoir rossé un pauvre gars pour une place de parking. Il en semblait tout bouleversé. Le coiffeur dit : « Alors tu t'es battu ? ».

Le client : « oui je lui ai infligé un coup, pour lui apprendre à vivre ! ».

Puis tournant les talons il sortit du salon. J'avais reconnu l'œuvre du Saint-Esprit qui ne m'a pas laissé seul en face de ma déconvenue fortuite.

J'ai eu quelque mal à parler de cet assaut tout en pensant que la violence appelle la violence. Ma position assise sur le siège ne m'empêcha pas de parler à Jean le coiffeur de la politique et des politiciens véreux. Tel TRUMP le nouveau président républicain des Etats Unis qui attaque son prédécesseur démocrate OBAMA sur les accords du climat et de son réchauffement, ce président a des liens avec les industriels pétroliers, on sait la tour de TRUMP et sa richesse colossale. Tous mes mots se font des maux et invectives par l'échange, ce qui dénote le manque de justice de notre monde qui lie les corrupteurs et les élus dans un panier de crabes.

La parole, ils la prononcent pour eux, pour leur ambition rarement pour l'amour du prochain, les intentions d'annonces, les tweets, la rivalité entre groupes politiques forment la division, le dégoût d'aller aux urnes. L'homme moyen par dépit parle d'eux. L'homme ne serait pas responsable du réchauffement climatique, Sarkozy le perdant et TRUMP le milliardaire forment un même coussin de plumes où ils s'étendent. La démographie galopante : il naît autant de chrétiens que de musulmans alors que dire des fluctuations du climat depuis 4,5 milliards d'années ? Pourquoi s'étonner et conclure que Dieu est responsable de tout cela? Il a dit croissez et multipliez vous dans l'ancien testament. Dieu conduit le réchauffement pourquoi ne pas le reconnaître ? il ne vient pas des hommes mais est-ce à dire que les hommes politiques croient en leur force plus qu'en l'au delà.

L'homme assaillant était-il un descendant de J.J. Rousseau, un Jean Valjean misérable qui lustre ses chandeliers avec du vinaigre blanc ou du bicarbonate de soude ou encore un ogre amaigri et dénutri par manque de pitance et de chair fraîche.

Ma narration ne serait qu'une banale réalité, une altération inopportune, lorsque je vous aurai dit que je l'ai revu ce lundi à la saint Corentin. A n'en pas douter. C'est lui qui entre à la pomme de pain et en ressort rapidement sans consommer ; une voiture de police sans passager lui aurait fait peur à l'entrée du supermarché. Je le reconnus, lui, mon baroudeur, mon sens de l'observation aux aguets suscité par un client très handicapé sur son chemin. Je n'avais jamais vu cela : revoir le forban, seul, grand émacié si maigre aux alentours ; il marchait d'un pas alerte alors que mon regard se posait sur lui.

Si j'avais su que la police n'était pas loin je l'aurais dénoncé même sans flagrant délit. Trouble et désordre auraient pu disparaître chez cet homme s'il avait été arrêté. Sa vitesse d'exécution ne fait aucun doute : deviendrais-je physionomiste ? C'était bien lui mon agresseur ! il a traversé le couloir sur mon côté droit sans même me regarder… sans me frapper à nouveau.

La station Corentin est à Paris, c'est le saint du jour, attention aux faux prophètes et aux faux témoignages.

Pour revenir à son ascendance avec Rousseau je devine s'il a eu des enfants qu'il les aurait abandonnés comme notre célèbre écrivain, un écrivain qui a écrit un traité sur l'Education… Lui, disposant assez de gènes communs avec lui ou un autre, graines de violence sur chromosomes tarés.

Notre rencontre aboutie serait-elle une œuvre du destin ? Une idée pour écrire, il aurait pu me reconnaître et m'infliger une gifle sur la joue droite si je l'avais interpellé, pensais-je après coup. La surprise est de le retrouver là, à proximité dans mon havre de paix où je règle poliment ma note.

Le monde est petit, bien entendu mais là à le revoir debout, fringant avec velléité à ce moment, je fus interloqué. Je pensais le retrouver dans le hall d'une gare avec une sébile à la main, un panonceau annonçant, pour afficher son repentir, ce qui aurait plu à Dieu. Dans une vie brouillonne j'avais prédis que je le rencontrerais à nouveau, je lui dirais dans ma vie tout ce que j'ai écrit sur lui, et comment je vois les choses. L'autosatisfaction cache notre miséricorde. J'irais même jusqu'à lui dédicacer mon livre dans la sécurité la grâce et la liberté de l'opportuniste.

Je pensais simplement mon café servi que je devais le consommer en bon consumériste pacifique et honnête. J'aime méditer et jouer en ce lieu calme et paisible en grattant mon ticket, espérance ou espoir de gros lot ou je devrai vendre un million de livre ce qui reviendrait au même.

Il était midi passé de trente minutes, j'avais laisser l'heure tourner, mon épouse est partie pour Paris.

Je rentrai chez moi manger ; dans la foule je laissais mon agresseur d'un jour à son destin, je pensais que les circonstances ne pouvaient être plus favorables avec la présence du véhicule sans passager de la Police. Qui me contrecarrera dans la recherche de la justice ?

Alors que les chats s'enfuient à mon passage en rasant les murs, j'avais enfreint leur distance de sécurité, je réfléchis au sens de l'homme qui ne s'attend pas à pareille mésaventure, moi en l'occurrence, je suis pris d'un élan de fraternité envers cet homme qu'une femme a sans doute sali ou l'a abandonné. Je l'imagine en bon caucasien européen terme employé par la police lors du dépôt de plainte contre X. Dans ce cas la vidéo reste une arme efficace pour démasquer le violent intransigeant.

Parfois la science nous effraye, elle l'est moins lorsqu'elle est au service du citoyen.

J'avais un peu de rancune, mon témoignage sans intention d'accusation mensongère dans le bureau de police ne donna qu'une information imprécise de l'assaillant, la base de photothèque des malfrats ne m'offrant qu'une indication sur ce quoi ressemblait le visage de X. Pas de certitude, une ressemblance certes m'a conduit à désigner deux photos. Son allure et son comportement singuliers avec sa physionomie bien particulière ne m'a trompé qu'à moitié.

La fraternité de Noël approche, je souhaite converser avec lui pour un pardon de cet acte répugnant. Si ce n'est pas un récidiviste, je pense avec mansuétude ce qui ne le condamnerait pas aux yeux de tous. Dans le contexte citoyen j'ai cru bon en toute conscience affirmer ma prétention à aider le service d'ordre à réaliser ce qu'on appelle une prévention plus qu'une injustice, mais de là inculper un innocent, je n'y pensais aucunement.

Aujourd'hui sans retard je compte le nombre de pas pour rallier la Pomme de Pain puis la police et enfin le dentiste. Il s'est passé 89 jours depuis la sombre rencontre, calcul assuré d'une bonne mémoire, en cette mi-décembre les journées sont embrumées pluvieuses et froides je me surprends de ce pas alerte alimenté par ma volonté d'écrire encore quelques lignes à mon livre sur ce fait divers.

L'espoir d'une troisième rencontre est bien maigre, demain je vais 89 jours plus tard, jour pour jour au laboratoire d'analyse, rendez-vous pris le matin bien avant le croisement avec l'homme vindicatif à midi vingt. Rencontre espérée dans mon rôle mi-humain mi-divin comme témoin. Ce qu'il fallait démontrer (sic) ! Faire sortir le loup rien qu'avec un coup de téléphone voici qui serait miraculeux encore plus que pouvoir écrire et discourir sur le sujet, pour que ça passe ! On pourra penser au hasard mais si tout est hasard de quel ordre penser de l'univers qui a un début avec le big bang il y a

4,5 milliards d'années. Non je pense que Dieu a voulu que je rencontre aujourd'hui un pauvre déshérité, furtif et qui semblait habité par un démon, sa rapidité à traverser notre lieu commun pouvait laisser à penser qu'il fuyait quelque chose où s'opposait une conscience délirante si peu expressive et violente. Aucun échange seulement un passage filmé par la vidéo à 12H20. J'avais regardé ma montre lorsque j'ai aperçu mon ennemi. Il fallait prendre un café avant 11H30 pour bénéficier du prix réduit. Mais il n'en était rien les aiguilles de ma montre affichaient 11H20 réellement, la serveuse m'ayant indiqué le prix à payer. Un rapide contrôle à ma montre donna raison à la serveuse, c'est à ce moment que l'homme entra, évitant de ce fait le passage devant la voiture de police, stationnée devant le supermarché.

Soyons miséricordieux envers cet ennemi, ce fantôme blême, muet, drapé d'un vêtement de miséreux ; il n'a pas les moyens de s'acheter un livre, d'écouter la radio, il peut seulement écouter sa conscience formé sur les bancs de son école ; jusqu'à seize ans on ne traîne pas dans la rue, l'école buissonnière est un exil temporaire, volontaire et occasionnel, peut-être est-il sans emploi ? il erre en vagabond mais dans quel but, lui le désargenté, le solitaire à la seule différence : je ne déambule pas sans espoir, j'ai au bout du chemin une rencontre, une dépense, un partage en échange de quelque service. Aller au restaurant et se confronter aux regards des autres ne m'offre pas de désespoir, mon temps libre n'est pas errance synonyme de désespérance.

Délaissant l'ombre de cet homme vagabond, j'entrepris d'aller à la mairie pour une carte de résident, certificat payant me permettant d'éviter les contraventions pour cause d'éloignement de mon domicile.

Certains hommes déchus de leur fonction de maire et qui se confinent comme moi à l'écriture et à des tâches d'arrière plan, ces personnages recherchent par copinage une notoriété laissée pour compte sous prétexte des ramasseurs d'honneurs qui éprouvent une consolation en faisant baptiser le parvis de la mairie de leur nom, alors qu'ils sont vifs.

Je les exècre ceux qui ont hérité une mémoire d'humain par défaut mais notre temps de paix oblige, plutôt que d'avoir leur nom gravé sur le monument aux morts. Il y en a qui pousse l'exagération en faisant des pots pour l'inauguration de leur entrée à moins qu'il ne recherche qu'à vendre leur livre car il est tant difficile de se faire connaître en dehors de sa ville ! Indignité ou concept d'immortalité, dieu vivant alors qu'il décrit ses relations avec sa femme, qui n'est même pas sa maîtresse, en termes crus et osés et même pornographiques. Ancien maire de ma ville, te reconnaîtras-tu un jour, alors qu'il est devenu mon ami sur Facebook, réfutant mes qualités humbles d'écrivain en m'ignorant ou me méprisant. Souffre-t-il de paranoïa ou de complexe de supériorité ?

Chapitre 5   Course

Un autre ancien maire N. A. s'est offert une avenue à son nom où fleurissent des publicités d'alcool bien à la vue des automobilistes. A croire que tous les conducteurs spectateurs sont aussi de potentiels consommateurs ou simplement des ivrognes propres à acheter ces produits pour compléter leur bar et recevoir ses amis.

Je n'ai pas d'amis fidèles à proximité, l'écriture est ma confidente, mon loisir favori, il en faut. Pas un évènement régional ne m'échappe à la lecture du parisien ainsi que les cours fluctuant de la bourse de Paris. Il y aurait tant à dire sur la misère du monde, qui s'acharnerait sur ma complainte et ma misère morale.

Décidée en 1961 par le général de gaulle la ville nouvelle de Saint Quentin en Yvelines comme celle de Cergy pontoise fut créée grâce à une bonne croissance, budget positif, une bonne dette publique, l'argent d'après guerre était gratuit jusqu'en 1968 ; pourtant la crise économique actuelle n'empêche pas de laisser fleurir les villes nouvelles.

A part ca on peut dire que rien n'est parfait. La surveillance vidéo à la pomme de pain non branchée ce jour de rencontre bis repetita ne put dévoiler ni enregistrer le visage de mon agresseur.

Mais de nombreux commerces ferment à cause de la taxe professionnelle élevée, les locations à prix exorbitants qui laissent en déficit les auto entrepreneurs, même les plus florissants, tout le monde est touché par la morosité, il n'y a même plus une seule boîte de nuit. Que font les jeunes à part consommer quelques boissons ? Nombre de rues sont dénommées général de gaulle ou général Leclerc, ces noms sont les plus répandues en France... Abus de pouvoir de l'historien ou du maire, fait du roi, inutile polémique, les routes n'en sont pas moins dangereuses, telle est bien mon opinion d'un citoyen très heureux de vivre à l'époque du GPS qui nous indique sans se tromper le chemin à suivre.

Les hommes politiques anciens ou actuels n'ont que leur qualité d'orateur à faire valoir pour délivrer leur flot de paroles qu'ils soient de droite ou de gauche la forme conjuguée du pouvoir se résume en deux ou trois lettres l'homme politique put là ou l'homme moyen pue. Le problème c'est que les foules, dont je n'aime pas faire partie les suivent comme des moutons désargentés en quête d'un gourou ou d'un simple berger.

Je suis heureux malgré tout de sentir avec tous mes sens que je suis sur la bonne voie, celle de la chance à vivre ici, avoir quelques bonnes relations amicales ; croiser quelqu'un que l'on connaît est un moment privilégié, les mots sortent naturellement dans une bonne humeur surprise et partagée.

Au jour d'aujourd'hui je rencontre un serveur de restaurant, un bon gaillard il m'annonce un repas de Noël sur son lieu de travail, jeudi au Zénith, il faudra payer, mais qu'est ce qui est gratuit en ce monde civilisé ? Chance de serrer des mains, de croiser son regard, peu importe la foule d'inconnus qui nous entoure, maintenant il s'agit de garder une distance d'un mètre, à cause du méchant virus.

Chapitre 6   SNCF

La chance d'avoir un train à l'heure. Il y eut en septembre un aller à la station Saint Michel du RER C j'entrevoyais déjà la possibilité de visiter des musées en cette journée de patrimoine. De préférence je pris le bus, j'étais accompagné comme à l'ordinaire par mon épouse qui aime les moments passés dans la capitale, avec moi ou seule. Je pris le temps de prendre un café gourmand à la brasserie Solférino ; de retour à l'arrêt du bus pour Montparnasse s'affichait une minute avant le départ. Dans ma poche droite deux tickets : lequel est le bon ? Il était 17H59 nous allions encore croiser un sdf debout qui quémandait une pièce, je n'étais pas propriétaire d'un f1 une pièce à Paris, j'utilisais un simple maillot une pièce pour nager dans la piscine. Ici j'ai rencontré ma future femme il y a 35 ans.

Je continue mon histoire il est 18H tapante en gare et la foule nombreuse m'oblige à effectuer un délicat slalom en empiétant sur la chaussée bitumée pour éviter la rencontre avec un usager moins pressé. Je remarque les passages zébrés, fraîchement repeints, les piétons sont au vert.

Une course s'engage contre le temps ; elle court elle court la banlieue à Paris. Par habitude nous connaissons l'heure de départ du train 18H05 il restait quatre minutes pour monter vers le hall de la gare. Mon épouse en point de mire comme un piquet de piste, elle est toujours devant moi. A la porte de la gare un rapide coup d'œil sur notre montre synchronisée il reste trois minutes pour monter l'escalator. Moi derrière et elle devant comme le petit cheval blanc. Sans desserrer les rênes de l'escalator c'est à dire la rampe, j'ai beaucoup marché aujourd'hui mon compteur à mon poignet s'affole à 20000 pas et j'avais un mal de dos… La messe, l'observatoire et puis les musées. Au terme de ma montée ma femme m'attendait avant de continuer la course ; moi, je tentais de repérer avec horreur lequel de mes tickets restait valable Le portillon en bout de hall allait me faire perdre un temps précieux ou me laisser passer du premier coup. Les inscriptions étaient illisibles à l'encre violette, vous savez celle de notre vieille école. Il n'y avait guère d'espoir de reconnaître le bon.

Une rapide pensée me fit imaginer en train de me masser avec une crème à la violette sur la banquette de mon salon.

Mais le signal de départ du train n'avait pas encore retenti, je pris au hasard le premier ticket que je touchai avec les doigts. Il était moins une, ce n'était plus là la minute du notaire à laquelle je songeais. Lorsque la fente du portillon s'approcha de mon regard le signal sonore de départ enveloppa le quai.

OH chance ! Passage autorisé, la voie est libre ! Le portillon me dégueulait le ticket sans signal d'alerte. Encore trente secondes avant que la porte du dernier wagon ne se referme.

Vite repérage du numéro de voie avec ma femme en point de mire, j'entrepris une course folle en prenant soin de ne laisser aucun objet vacillant de mes poches, le ticket dans la main, la sacoche sur l'épaule droite, aie ! Parce que Dieu n'aime pas que l'on perde quelque chose, dans la précipitation l'action est risquée alors que je touche de ma main gauche la bosse sécuritaire de ma poche.

J'arrive enfin, porte ouverte, un enfant entonnait à l'intérieur du wagon une série de pleurs démentiels, irrité par l'audition du signal de départ ou peut-être par sa maman qui lui a refusé dans le contexte, un bonbon. Comme un sprinter au Stade de France qui franchit glorieusement la ligne d'arrivée je sautai à l'intérieur juste cinq secondes avant que la portière ne se referme. Nous aurions attendu le prochain train trente minutes. Une petite guerre gagnée devant l'angoisse et combien d'échecs passés. Si je m'étais trompé de ticket il m'aurait fallu plus de cinq secondes pour composter le second et j'aurais raté mon train. Pas grave pensez-vous ? Le temps c'est de l'argent et mon sdf de passage auquel je n'ai pris garde m'aurait ralenti tout autant. La charité en coup de vent… En gros ce fut une journée sans charité ni miséricorde, une autre fois…

Ce ne fut qu'un épisode chanceux que beaucoup de banlieusards connaissent en empruntant les transports en commun. Je n'ai pas cédé au renoncement dans mon impulsion, inutile aujourd'hui de forcer la porte de la chance.

Ce matin à la messe le diacre Bernard Révillon a dénoncé toutes les malversations d'un gérant qui a trouvé une combine pour gagner plus. Que vaut cette dénonciation ? Le bonheur de voir gonfler son compte en banque sans rapports avec ses besoins réels n'est-il pas une déviation sociétaire ?

L'argent doit être un moyen pas un but ; quel frein actionner à cette capitalisation forcenée qui laisse les petits dans le caniveau et les riches VIP sur tapis rouge. Nous ne pouvons vivre sans argent ni rente ou revenu mais son accumulation est trompeuse, il faut savoir vivre sans gruger avec ce que l'on a, faire des projets d'achats peut satisfaire un temps nos besoins. Donner par charité pas par sensiblerie, y a-t-il péché à être ce que l'on est, ce que l'on paraît ; l'image du père Noël qui donne des colis, picsou selon Disney offrent une armature nouvelle de pensée dans l'enfance et l'adolescence. Générosité lésine et avarice toutes ces croyances brassées ne font pas de l'enfant un adulte. Ces jeunes qui ont adoré ces personnages deviendront des cadres ou des dirigeants d'entreprise. Renieront-ils leurs lectures de jeunesse ? Pas sûr même si l'éducation de leurs enfants restera calquée sur celle de leurs parents.

Je dévoile l'esprit de Gontran, l'éternel chanceux de Disney. La chance un don de Dieu ?

Je m'installais sur la banquette libre avec ma femme à mes côtés. Depuis le perçage du tunnel sous la manche à la fin du XXème siècle qui fut une vaste escroquerie pour les actionnaires, dévaluation eurotunnel et capital divisé par cent, on doute du sérieux des relations en brexiting franco-anglaises.

Avant il y eut le président Deschanel qui disparaît du train, vers 1900. Depuis, aucun président n'a roulé en SNCF. Ils préfèrent leur luxueuse voiture ou DS escortée par des motards. Il y eut l'ancien président Sarkozy qui chevauchait sa bicyclette, il eut un malaise vagal (dit vague à l'âme) après les primaires de la droite en novembre 2016.

Chapitre 7   Harcèlement

Le bilan de mes ventes ne dépasse pas la dizaine. C'est bien peu, face au capital investit, plusieurs milliers d'euros. Il semblerait que les ventes dites participatives suivent le chemin de l'arnaque.

J'avais agi de bonne foi et complaisance, mais mon bateau est resté au port. Maintenant la vie m'offre, dans mes pérégrinations toute disponibilité pour faire connaître mes écrits, il ne faut pas être pressé pour obtenir une dédicace... Il m'arrive de relire avec enthousiasme des passages de chapitre de mon tout premier livre. Les idées foisonnent mais intéresseront-elles mes lecteurs ? Il faudrait quémander les critiques et en retirer la substantifique moelle. Je n'ai pas dévié de ma trajectoire comme un électron autour de son atome et je me réjouis d'avoir pensé un jour à ceci ou cela. En fait de mes sept premiers livres et leur diversité c'est ce que je crois !

Ma morale me conseille avec bonne conscience que si un petit enchérissement se produisait, bien qu'improbable ce serait un vrai miracle provoqué par ma volonté de faire.

Inutile pensée de vouloir gagner plus, malhonnêtement. Prendre mes lecteurs potentiels pour des illettrés, des imbéciles influençables vise à exploiter la crédulité d'un grand nombre. Je pense aussi que tout ne dépend pas de moi, peut-être ma lettre de motivation à Antenne 2 ou les Nouvelles n'a pas intéressé, puisque je n'ai pas reçu de réponse, sous filtrage de la rédaction. Elle était accompagnée d'une succincte biographie mais ça n'a pas suffi à attirer l'attention de mon correspondant. J'en suis au point à me demander si je ne devrais pas postuler à un autre travail. Une attente raisonnée dans l'attente d'un événement heureux dans l'axe de mes prétentions et mes désirs est une forme de sagesse sans que l'avènement de l'ennui se produise dans ma 'quête ' d'une bonne vie. La venue d'un enfant révolutionne et est certainement l'événement le plus heureux qui soit.

Grave divertissement, ce petit aparté est enfoui dans ma mémoire, la nature, les hommes ont leurs us et coutumes ; les végétaux caduques, la période de rut chez les animaux sauvages, les tempêtes saisonnières mais l'homme reste le prédateur et règne en maître, ses excès érigés sur les rings de boxe avec une violence gantée orchestrée par un arbitre vigilant est un bon exemple au harcèlement.

Les coups pleuvent au son de la cloche toutes les trois minutes, un homme à terre sous les coups redoublés d'un adversaire. Entre les cordes on assiste à des scènes d'anthropologie mentale, le plus vindicatif est le plus musclé, le plus souple sera plus résistant tel un roseau face au chêne, c'est la loi de la nature, qui sera victorieux au combat ?

Combien de jeunes ont été victimes jusqu'au suicide de l'instinct de rabatteur, de racketteur d'un autre. Est ce un don porté par ses gênes qui incite à défouler ses pulsions sur un plus faible. La promiscuité et l'échelonnement des âges font d'un camarade souffre-douleur un sujet de haine destructrice passive, dans le contexte d'une cour d'école, le défoulement sur les plus jeunes est monnaie courante. La graine de délinquant commence dans la cour de récréation des écoles à n'en point douter. La récré est nécessaire. A la sortie de l'école le comportement sera similaire, ainsi nos éducateurs et professeurs ont un rôle de moraliste en instruisant pédagogiquement par un exemple d'actes débouchant vers une récompense.

La vie de consumériste en bon consommateur nous harcèle par les soldes incessantes, les réductions si, les cadeaux sous conditions, les essais de voiture ou comment perdre cinq kilos facilement. La tendance au don provoqué est un harcèlement de tous les jours. Sommes-nous partie prenante sur le destinataire de notre don ? Notre vue et notre cerveau se combinent avec soit une indifférence ou un révolte négative. Ne sommes-nous pas en bon républicain ou démocrate dirigé par la devise liberté égalité fraternité ? La France fille aînée de l'Église.

IL y a bien notre petit rat ratatouille, sujet de choix gourmand pour les chats du quartier. Un tenta de me mordre, la peste pensais-je, il se retourna vers moi avec cris et piaillements ; le temps de rechercher mon appareil photo il s'était terré dans un buisson, le forcené des égouts. Les chats voyant la scène rodaient à proximité. Après un encerclement de rabatteur, digne d'une scène de safari ou d'arène, la future victime de la prédation s'était tapie dans le taillis hors de portée des chats. La scène était prenante ; je détachai une branche morte du taillis que je commençai à l'agiter alors que maître Raminagrobis ne s'approchait pas de peur de s'écorcher le museau aux épines du fourré. Il était là aux aguets à deux bons mètres les pattes repliées comme un sphinx, les oreilles tendues avec son immobilité de félin.

La branche actionnée de mes mains délogea notre petit cuisinier des racines du fourré en couinant et vociférant. Le rat des villes ou le rat des champs ? Je ne le sais pas, faune à dératiser en ville nouvelle. En tout cas il n'échappa pas au chat orangé qui l'agrippa d'une patte puis l'enserra pour l'étouffer dans sa mâchoire. Préférant chasser la gueuse ou boire une bonne bière dans le bois de Boulogne juste pour dépenser quelque argent, je n'avais plus assisté à une scène sauvage depuis des lustres. Le chat partit le calme revint. La fable vous a plu ? Je vous conseille d'acheter un voyage safari vous en verrez de grandes scènes en savane. Rabattage pour photographie. En ce qui concerne les bois : il y a aussi des faux plombiers qui attirent notre attention dans le but de duper des retraités sans défense, même sur rendez vous. Méfiance !

Le harcèlement a ce côté répétitif, psychologique il met en jeu plusieurs acteurs. La scène de théâtre pourrait être drôle s'il n'y avait pas de victime. Plusieurs acteurs mais en général une seule victime, seule, isolée, repliée sur elle-même, c'est le cas des personnes âgées qui par excès de confiance ou faiblesse se trouvent délestées de leur bijoux par des êtres sans scrupules se faisant passer pour des pompiers, des policiers sans carte professionnelle qui vont épier et scruter. En fait crédulité ne rime pas avec sagesse, pourtant apanage des seniors qui font forts de leur expérience de la vie, mais qui renoncent à toute forme de pouvoir.

Réflexe ou non appeler le 17 dans le doute, c'est dans l'air face à un plombier qui se destine à entrer chez vous, pour une fuite illusoire. Là si vous vivez seul le jeu est sans pareil, sans ange gardien ou mentor vivant qu'espérer ? Si ce n'est obéir à la sollicitude du plombier de bonne foi. Et si vous vous appelez madame Bonnefoi le dilemme est un cas de conscience où le paraclet nous harcèle : « n'ouvre pas, n'ouvre pas ! » Autodéfense ou instinct de conservation ? En effet mettre des mots sur des situations ambiguës n'est pas facile ni courant. Là où le harcèlement est criant c'est dans la cour de l'école, face à celui-ci ou celui-là qui nous envie ; il y a bien un pion préféré de la famille qui écoute sans juger et est là quand il faut, un SOS amitié en réalité en vrai, un ange gardien : c'était mon cas en sixième où interne je vivais la promiscuité, sans mixité le parloir avait le goût de prison, la télévision débutait avec ses leçons de morale.

Je me pose le question : « Lucky Luke a été imaginé en quelle année ? Avec des gaillards habillés en bagnards aucune transition avec notre vie de collégien. Pour parer aux harcèlements des chenapans sadomasochistes, personne n'a trouvé pareille aide qu'un grand escogriffe costaud qui se disait être un grand frère.

En réalité il était fils de gendarme, son père handicapé en exercice par un accident de circulation il était de même origine que moi. Il me rassurait quand je le voyais dans la grande cour du collège Diderot où nous jouions à la récré avec une petite balle, nos sacs d'écolier servaient de but. En hiver des écharpes multicolores remplaçaient les cartables, à cause de la neige.

Toutes ces activités faisaient penser aux loisirs des prisons, j'avais 16 ans je venais d'obtenir le brevet avec gloire et honneur je n'avais connu que la campagne autour de Fayl-Billot auparavant, hormis les vacances orchestrées par mon père, mon père percepteur était très respecté tout autant que le curé, dont il était voisin, je nageais dans une parfaite sécurité par voie de conséquence de la notoriété de mon père. Un autre jour un loustic de classe me prit mon cartable à l'école des garçons, j'avais dix ans je le récupérai dans un taillis à proximité de la perception, c'était pour moi la découverte du harcèlement, la mauvaise farce gratuite ; le sentiment de méfiance n'allait plus me quitter après cet épisode. Ma maîtresse d'école le sut et colla le fautif à répéter la litanie laïque :
« Je ne volerai plus mon camarade ! » Réponse au harcèlement par une punition dictatoriale.

Résistance et conformité par la relation dominant dominé sera une approche de l'âge adulte en ce qui concerne la hiérarchie professionnelle, par reprise d'un travail non effectué mais souhaité. Expérience mise en inconscience avec le temps, ce qui me permettra de conserver ma place dans la société.

Le petit agneau de Dieu a reçu la lumière. Parfois je tombe de mon idéal de jeune par la pression d'un plus grand, plus dur que moi. Mes parents ont reçu mes épreuves comme des cadeaux d'accueil ce qui allait me fortifier pour la vie malgré mon handicap de vue non corrigé. Leurs paroles réconfortantes sont encore vraies. Ainsi l'apprentissage de la vie : un pas en avant un pas en arrière, j'allai rester debout. La rude vie en internat assimilable à la prison était loin de la grâce spirituelle, je ne la considérais pas comme une récompense l'entrée au lycée en 1968.

D'adulte parfois je pensais que ma liberté était restreinte à la cour du collège, j'appris la résistance au harcèlement et la confiance en soi dans un esprit de soumission et de conformité. Un supérieur hiérarchique trop oppressant et inquisiteur peut nous démarquer de notre bonne humeur et notre self-control. On ne donne pas raison à la violence engendrée par la colère qui se manifeste dans notre comportement affligé d'être un subalterne, un faire valoir habitué à obéir.

Maintenant a priori la vie courante ne nous suggère pas des choses impossibles, comme un ticket de grattage pour un gros lot. La discussion ne s'éternise pas en forme d'aléas aux jeux surprises.

Plus épisodiquement dans les embouteillages sur route les gens impatients klaxonnent en observant leur voisin qui ne peut rien que subir le flot de véhicules. Bien sûr la police peut dissuader voire sévir mais elle n'est pas toujours derrière chaque voiture. Un individu profite de cette occasion pour faire déferler des sons musicaux qui dérangent les autres au point mort arrêtés devant lui. Nuisance et harcèlement sonores.

Trop souvent autre oppression visuelle des panneaux publicitaires qui suscitent notre inconscient si tributaire et réceptif à la réalité de notre vigilance, actes d'achats d'alcool, whisky ou bières aux abris de bus. Je confesse qu'excédé par le comportements des chats sauvages qui se multiplient dans la résidence je les chasse pour qu'ils s'enfuient.

Je pense que ces petites bêtes ridicules et peureuses ne méritent qu'un méprisant excès gestuel. Par ailleurs je ne leur cause aucune dépréciation physique, bien que je pense vu leur nombre et leur nature sauvage qu'elles engendrent l'esprit de chasse à leur encontre.

Le harcèlement est-il une résurgence de nos instincts primaires de cueilleur ou de chasseur, je conçois que la Nature offre végétaux et animaux pour les sentiments prédateurs de l'homme.

Ce qui reste c'est entre les hommes une déviance sociétale. Un aspect cannibalistique qu'en ingérant un autre de la même espèce, son esprit peut le rendre encore plus fort. Dans leur confort hiérarchique de supériorité sans complexe ou avec ces gens là ils se comportent en despote sans lumière, sans foi ni loi, où la miséricorde est absente tout comme la tolérance ce qui débouche vers une révolte qui n'est pas tous les jours contrôlable et peuvent même aller jusqu'à espérer et organiser des manifestations : seul moyen de faire connaître ses droits. Lorsqu'on est seul dans la mauvaise situation du burnout qui nous guette par excès de travail ou absence de celui-ci.

Parfois des excès de comportements personnels sadomasochistes ainsi certaines mauvaises habitudes comme la masturbation solitaire peut se résumer en un harcèlement égoïste. Les jeux du foulard chez les très jeunes destinés à battre des records de temps en apnée est une forme d'automutilation qui peut entraîner la mort. La mort physique lorsqu'une jeune collégienne se trouve harcelée par ses camarades : « tu n'es pas belle, je ne suis pas ton amie !» En des termes négatifs répétés. Combien de salariés sont poussés au suicide par la porte de sortie unique, cassés alors qu'ils pensaient avoir fait consciencieusement leur travail. L'injustice frappe les plus faibles dans le harcèlement.

Demandons à l'Esprit Saint, seul, en méditation à nous rendre plus fort. Peut-être as-tu besoin d'une âme conseillère autour de toi ; cherche sos amitiés. JE SERAI TOUJOURS LÀ ALORS QUE JE SUIS VIVANT. Là où il y a fidélité il n'y a plus de harcèlement, il règne l'Amour, la compréhension, l'écoute, la tolérance, le sens du partage par un échange oral très attentif spontanéité sans pudibonderie.

Pauvreté et handicap, le partage de notre univers visuel, ce que voit les hommes, Dieu voit avec le cœur. Nous restons limités par certains aspects de notre personnalité, les panneaux publicitaires, les gens qui fument sur notre passage et nous incitent à faire la même chose dans notre liberté d'aller et venir.

L'intolérance des forts fait face à notre résistance déclenchant violence ou terrorisme.

J'aurais aimé écrire pendant la marche de l'après midi ; je refaisais le même chemin emprunté le matin sans prendre de raccourci dans l'espoir de retrouver la grille de grattage à cinq euros, égarée le matin. Je n'aime pas perdre aveuglément quelque chose ni errer sans but, aussi, victime d'une répétition d'excès d'achat de ces tickets de Noël dont le gain nous fait rêvasser ; je n'avais toujours pas gagné le gros lot ni perdu aucun ticket. Voilà que la charité me fait tolérer ce manque, cette étourderie, je rêve au bonheur de celui qui l'a ramassé, tous les matins une machine à roues aspire le passé de la veille au sol. Je n'avais pas perdu mon temps, il me manquait du café pour le lendemain j'entrepris d'accroître mon nombre de pas jusqu'à Starbuck réputé pour leur café spécial à moudre.

Si c'est un pauvre qui est dans le besoin et que le ticket est gagnant ce sera un bienfait involontaire pour un homme soumis à la tentation de le ramasser pour contrôle. Peut-être pas un adepte de ce sport, il aura trouvé comme moi l'espoir en étant le premier gratteur de la grille, gratuité sans douleur. La chance aura passé par lui. Là il n'est pas question de malchance, le geste de ramassage ne lui aura laissé de souvenir qu'un possible lumbago.

Chapitre 8   Foi

Dieu n'aime pas que l'on perde quelque chose? Fruit d'un vol, d'un hasard, d'un manque de vigilance, l'erreur est humaine même si l'on ne peut s'habituer à cette errance, le Seigneur est avec le passant et Noël approche ! Il reçoit l'espoir dans un moment d'égarement qui est un acte impur involontaire, repassez votre jugement ! D'un mal jaillit un bien comme de la masturbation jaillit le sperme qui reste stérile sans communion du corps et de l'esprit. Ma chance est d'écrire encore et toujours avec toutes mes facultés, sans passion, mon journal ne suivrait qu'une trajectoire différente tous les jours que Dieu fait.

La rencontre de la femme avec le paralytique guidé dans une voiture à mobilité réduite qui travaille sur des écrans incurvés adaptés au handicap... Cet homme on lui a construit en un an tout un parcours pour atteindre le rez-de-chaussée où je travaillais avant de partir en retraite. Prénommé Robert, une aide soignante toute dévouée lui apporte un verre d'eau, le conduit aux toilettes avec le sourire. Là dans la cour des grands, là dans notre résidence où nous habitons, d'un bonjour sans répartie et sans retour je la suivis des yeux, alors qu'elle était assise dans sa voiture thermique. En fin de journée l'heure était dite pour l'ouverture de la loge de la gardienne. Un instant dévisagée, elle quitta le froid comme le lait sur le feu pour rejoindre la noirceur de la nuit. La concierge arriva peu après. Elle avait tout d'une physionomie d'une femme réservée probablement douce et marquée par son métier d'accompagnatrice fidèle et attitrée.

Je me demande encore en ce jour comment un homme handicapé moteur de la sorte peut être autant aidé pour un épanouissement guère mesurable, ses actes étant amoindris, incomparables et désuets. A moins que le régime sociétal passé s'en serve comme un symbole : il faut atteindre un pourcentage, de trois pour cent, je crois, d'handicapés pour une société respectant la législation des MDPH. Cet homme n'a que la parole à faire valoir ce que cette femme masque comme contrainte. Il en faut des vocations, des dévouements de soi, des anges gardiens. Si elle était le porte parole de l'esprit saint ?

La vie de Jésus est un miracle voulu par Dieu, sans doute il n'y a pas de limite à la bonté de Dieu qui nous a donné son Esprit, après avoir défini les lois de l'univers découvertes progressivement par le génie de certains hommes comme Einstein, Copernic et bien d'autres. La limite physique est sans excès, la butée de l'avant Big Bang, la température asymptotique la plus froide – 273 C que l'on ne peut enfreindre, la vitesse de la lumière constante à 300 000 KM/S. La terre toute entière est baignée dans un univers en expansion... L'éther.

Le but ultime de Dieu est-il de nous réserver à notre destin d'humanité ; je le crois. L'homme est solitaire dans le cosmos. Dans l'attente d'une loi globale incluant tous les paramètres connus, on se prête à douter: Jésus est il vraiment mort ? Ou seulement dans un coma qu'aucun médecin légiste ne peut confirmer. Tout ce qui a été fait en l'honneur de sa résurrection dépasse l'entendement, églises, cathédrales, radios n'existeraient pas avant lui. Le besoin de croire à la volonté divine nous pousse vers le futur par l'esprit ; une vie après la mort, l'Esprit de l'Evangile ne changera pas avec le temps qui passe ; c'est une valeur sûre. Les saints ont existé et les assemblées de spiritualité entre chrétien et musulman, bien que rares, car les nourritures sont dépareillées. Pourtant la paix mondiale est à ce prix ; tant d'enfants meurent de faim...

Pourtant il existe des limites qui dépassent la raison, l'âge du vieillard le plus avancé ne cesse d'augmenter, la vitesse du son est dépassée dans notre atmosphère par les avions à Mac plus. Se reposer sur ces dépassements naturels humains est comme une règle du jeu qui laisse notre imagination errer au-delà de notre propre existence : nous vivons sur terre mais l'espace reste à conquérir, à grands frais, d'abord par des robots puis par l'homme.

Il n'est pas d'existence humaine sans justice. Mais Jésus n'est pas venu pour juger le monde mais pour le sauver ; sa vocation divine s'est heurtée aux grands prêtres de l'époque sis avec les marchands du temple. Les hommes, depuis, jugent le monde avec leurs normes légales, dictées par un sentiment de réparation des préjudices commis. La complexité de la procédure fait peur au commun des mortels ; ainsi un inculpé est présumé innocent, même en garde à vue, il sera jugé par un procureur, si la sentence ne lui convient pas il fera appel en cassation pour être jugé sur le fond et non sur la forme. Une peine qui n'est plus capitale depuis Badinter et c'est la loi du talion : de l'œil pour œil, dent pour dent, la pendaison dans les pays anciens, la guillotine ou la lapidation restent des peines obsolètes de gens primaires résidents de pays arriérés où la loi n'a pas évoluée.

Parlons de loisirs, le ticket à gratter, retrouvé ce matin avec le carnet bancaire. J'attribue mon désordre non à une faute mais à l'aura de la secrétaire d'accueil : une vieille taupe comme dit le père Guy Gilbert. Elle a ce contact parfois de secrétaire médicale qui en a marre de voir défiler dans la salle d'attente nombre de malades. A l'aube de sa retraite et en absence de sourire elle vous fait regretter d'être un patient encore vivant. Si j'avais dû attendre la veille de Noël pour la rencontrer j'aurais eu la préférence de me marier, comme pour tous, avec un cactus desséché aux ardentes épines ; que son toucher sado-maso soit sensuel ! Ce ne sont pas ces types femmes ménopausées qui s'unissent au Père Noël pour garantir notre foi.

Aujourd'hui bonne journée de grattage : deux cents euros de gain, le plafond accordé au joueur par la française des jeux ne doit pas être atteint très souvent. Le gain de l'argent reste inconscient et aléatoire à tout adepte des principes ou écrits sapientaux qui recherche le développement de la sagesse. Contentons-nous à nous satisfaire de ce que l'on a, je ne rechercherai pas l'entente entre science et religion selon Stefen Jay Gould là où il y a il y a divergence. Tout ce qui se fonde sur la sagesse fait partie des béatitudes.

Faudra-t-il beaucoup de persévérance, des paroles d'encouragement, des échanges infructueux, des espoirs délaissés. Dieu n'abandonne pas ses sujets touchés voir émus par les béatitudes. Etre un loser n'est pas à chaque réussite connaître, enfin, sa joie sans avoir à monter sur un arbre pour s'apercevoir que la lumière luit par l'action d'un ouvrier qui a échangé une ampoule grillée par une autre. Sans tester son bon fonctionnement il a dû revenir à la tombée de la nuit pour la substituer sous les yeux inquisiteurs d'un membre du conseil syndical. Mes loisirs hors l'écriture me laissent latitude à boire un café au bistrot ou d'acheter le journal du jour.

Chapitre 9 Ecriture

Dans ma recherche vagabonde et infructueuse mon attention fut attirée par une petite annonce relatant un atelier d'écriture à Vélizy ; sur le site www.silesmotsavaientdesailes.fr. En ce moment un jeu est instauré d'écrire une nouvelle de 500 mots avec trois mots à utiliser obligatoirement. Ce mois-ci les mots sont « silence, courir et maison ». J'attribue encore au destin de m'amuser avec les mots en cette période de Noël. Ainsi mon texte :

« Dans le silence de la nuit de Noël, le Père Noël va s'engouffrer dans ma *maison*. Il va être las de *courir* dans les nuages en affrontant les précipitations. Heureusement au faîte de la modernité, il possède un GPS qui l'oriente grâce aux satellites. Il doit fournir de la paille à ses rennes pour qu'ils avancent en *silence* sans réveiller les petits enfants. Dans l'Espace Temps où il se trouve il va courir après le temps, franchir la vitesse de la lumière, descendre par la cheminée en dépassant, en tout cas le mur du son. Il va déposer quelques cadeaux ainsi au jeune homme au pied du sapin, sans bruit en *silence*. Le Père Noël expert en antimatière sillonne l'azur et offre des boîtes de champignons vénéneux, des papillotes à l'arsenic, des fausses pièces de monnaie en franc, des tickets aller et retour pour la Syrie, du savon d'Alep à la nitroglycérine, du sang frelaté avec virus au facteur rhésus non compatible, des organes à greffer de centenaire, une feuille d'arbre caduque en guise d'avis d'imposition, un chèque à zéro euro, une bure de curé noire pour une femme musulmane en guise de niqab, du vin à -10 %° d'alcool, du foie gras sans matière grasse. Enfin un virus éternellement virulent. Petits enfants pour *courir* comme le Père Noël mieux vaut déjà faire silence dans sa *maison*. »

Un deuxième texte plus natif :

« La *maison* de Dieu respire le *silence*, les fidèles comprennent que *courir* après lui c'est marcher avec Jésus. Il n'y a pas de Noël sans charité, mais le prochain ou la prochaine sont si différents ! Sont-ils muets ou parlent-ils le français ? L'ange avait annoncé la venue de Jésus dans le *silence* d'une crèche. Les rois mages n'ayant pour GPS qu'une étoile ont suivi leur chemin avec ardeur et persévérance. Aucun bruit, aucun conflit, aucune terreur sur leur chemin. Ils se disaient : « inutile de *courir*, allons vers Bethléem » La course muette de l'étoile polaire dans le ciel noir de la nuit présageait d'un événement immense, non pas la venue du Père Noël par présence physique mais la venue du fils de Dieu dans la paix. Ils ont apporté de l'or de la myrrhe de l'encens pour solenniser l'événement ! On ne sait pas si à la naissance comme beaucoup de nouveaux nés le font le rédempteur poussa un cri alors que l'âne et le bœuf se montraient dociles Le monde des poissons y était absent un haut parleur près de l'aquarium dénote le monde sacré du *silence*.

Marie, enceinte par l'Esprit Saint avec Joseph n'ont pas trouvé d'auberge pour les accueillir mais seulement une petite grange. Dans le silence de la nuit Michaud veillait : ce soir inutile de courir la gueuse. »

Par manque de temps je n'ai pas envoyé cette double-nouvelle, je n'aurai pas de prix, le sujet se prêtait à une envolée libre de jeu de mot. Rendez vous le mois prochain pour d'autres séries de mots…

Ma quête de gingembre trouvait son paroxysme à Pleinchamp où je dénichai ces racines aphrodisiaques. Pourtant à la caisse dame amour me rusa ma carte de fidélité. A la bonne lecture du journal local j'appris avec mansuétude l'acquisition d'un bus, eh oui ! pour l'association musulmane locale destiné à leur rassemblement. Il était aménagé en ôtant les sièges, seul celui du conducteur restait en place, imam oblige. Je n'aurais pas osé y entrer en absence de confession commune. La nouvelle mairesse traite avec indifférence les musulmans en place. La liberté de réunion est assimilée à de la débrouillardise, à condition que ce bus ne vienne pas sillonner les rues de la ville.

La joie dans la foi n'est pas folie aujourd'hui, veille de Noël, je me sens martyrisé par la sobriété de la crèche, le charme indéniable de la fille du buraliste, sa blancheur ibérique me fait oublier l'absence de neige. J'espère que la nuit calme des chrétiens ne sera pas bouleversée par des actions terroristes. L'Allemagne a été touché mais le meurtrier via Chambéry a été tué à Milan grâce à la coopération policière entre l'Allemagne et l'Italie.

J'envisage un prochain dessin en souvenir de la nativité céleste et de mon fils né en 1986. La date de naissance du Christ n'est pas connue avec précision. Admettons ce que l'apôtre Thomas a vu et marchons. Il était dans la ville de Foix, la foi dans la joie qui n'est pas folie, mangeons du foie gras puisque Dieu nous y invite dans la joie. Et que notre joie demeure tant que nous sommes vivants avant de connaître si l'on est promis du bonheur du ciel.

La croyance chrétienne rejetée par certains non croyants à Noël de tous les temps se heurte aujourd'hui aux sourates du Coran. Ainsi les cités injustes seront détruites et envahies par des gens musulmans croyants à leur propre idéologie, voir la note 201, sourate prophétique. Ce n'est pas sûr que la folie des hommes ne soit pas celle d'un Dieu.

L'enrichissement de nos cités est bien réel, les femmes voilées par leur accoutrement ritualisé heurtent notre conscience de chrétien et de laïc. Il en va aussi sur les plages ou les piscines où le bikini côtoie le burkini, qui n'est pas une mode made in

Burkina Fasso mais développé par des couturiers en mal d'inspiration.

La mode des mots croisés n'est pas près de s'éteindre bien que le créole n'y soit pas à l'honneur dans les journaux. La mode du mot le plus long, passe-temps audiovisuel bat son plein tous les jours. Dernièrement j'ai remarqué un candidat qui avait trouvé magie, mot de cinq lettres pour Noël, son adversaire a trouvé mirage, mot de six lettres avec un « r » en plus. De là à considérer que l'esprit dévoile des mirages de la foi pour un Dieu que personne n'a vu. Le juif erre dans le monde avec des mots en « R ». La vérité dans cette fable c'est que la construction du monde du langage écrit ne se fait pas uniquement par écrit, l'oral a son rôle aussi.

La parole de l'Evangile sortant de la lecture d'un livre sacré échappe à tout jugement, conseil ou ordre, ceci est un témoignage, un journal de la vie du Christ. Nos politiciens polémiquent, ils sont rarement d'accord sur le sens des événements, pourtant évidents et réels, qu'ils soient de droite ou de gauche. Leurs palabres m'amusent et m'ennuient à la fois, suis-je le seul à médire leurs propos ? Cinquante pour cent d'abstention aux élections municipales voici la réponse. Le vote blanc n'est pas encore institué malgré certaines promesses.

Les anges existent-ils ? Accompagnent-ils les hommes politiques dans leurs déplacements, Macron au Liban au Irak ? Tous ne se réclament d'aucun Dieu, pourtant le croyant sait que ces événements, les miracles existent selon les saints ; leur vie et l'annonciation par leur intersession et par l'engendrement par l'Esprit Saint de la Vierge Marie, le deuxième miracle est la résurrection d'entre les morts à Pâques après l'acharnement et le harcèlement de la croix. Le plus grand doute semble dissipé par les Evangiles : Jésus à la Cène révèle qu'il sera trahi et mourra sur une croix... Pourtant si Dieu et son fils l'un éthéré et l'autre humain ont existé les hommes ont un doute : ce sera pour eux la mort, tout le bonheur de découvrir ce monde nouveau fait d'esprit et de neutrinos (hors sujet science et religion selon Gould).

Tout le monde n'a pas le don de l'oralité, une conviction se donne, mais suffit-elle pour parler sans être traité de fou ? Ainsi Dieu donne la vie et l'homme ne l'accepte pas toujours, ainsi il se révolte contre lui et les autres hommes en blasphémant ou en jetant l'anathème.

La lumière dans l'Église, si le Seigneur est chanté n'est ce pas comme une drogue douce qui ensorcelle ? Lorsqu'on se réveille de cette hypnose communautaire le doute se réinstalle, l'homme se repent en se confessant plus pour se défouler, se purifier pour continuer à appréhender l'avenir ; tel un prophète. Rendre grâce à Dieu ce n'est pas affirmer sa soumission ! Comme la France fut soumise à l'Allemagne par la volonté d'un seul : Hitler. Le passé, les cris des mourants restent muets aujourd'hui (sic). Où allons-nous ? Un fou, Jean est venu témoigner de la lumière, le monde ne l'a pas reconnu même s'il disait venir de Dieu.

Attention Dieu fait Alliance avec son peuple ! Déjà l'exclusion pour tous les hommes qui doutent.

Le mystère de Noël est confus entre incarnation et accouchement, terme peu usité, de Jésus ; De quelle béatitude s'agit-il ? Nous, absents du témoignage à l'époque des évangélistes. Toute lumière timide nous aveugle même si elle est divine, si elle est évidente pour certains, pour les handicapés accentués de la vue, même la cécité voient ils la lumière et croient-ils ? Si tous les croyants réunis à la messe pouvaient de ce fait partager leur foi autrement que par des paroles ! les avoir rabâchées, en monologue ou en double sens obscur sous forme de paraboles.

Il faut que les prêtres aient une foi inébranlable, c'est à dire qu'ils ne doivent pas s'agiter en tous sens ou être addicts, c'est à dire dépendant d'une drogue en quoi que se soit ; vociférant que croire ne dépend que de la volonté des fidèles qui écoutent. S'il n'y avait peu de fidèle à la messe le total de la quête serait bien bas, le cercle vertueux pourrait se briser tel le vase de Soissons, encore là le matérialisme du Père Noël se heurte à la conscience des anges et l'Esprit Saint, différemment pour les uns, les autres, les noirs comme les blancs, les pharisiens, les publicains. Tous ces symboles, sapins, guirlandes sont relatifs à des localisations et n'ont pas d'universalité. Décorer des guirlandes un bananier, une hérésie ? Soyons humains. Je ne reste pas indifférent à la foi des autres qui œuvrent pour une conscience commune. Le sens de ma vie a été tracé d'abord par mes parents, publicains, au sens de l'histoire, le plus vieux métier étant percepteur des impôts. Plus lointains parmi mes ancêtres maternels Saint-Louis qui fit voyages et croisades et a offert les plus belles images de l'Histoire, le linceul, la couronne d'épines jusqu'à Tunis. L'Esprit est-il si puissant autant que les membres du Clergé l'affirme. Sommes-nous jaloux que certains aient la Foi et moi une foi d'éléphant qui doit passer par le chas d'une aiguille pour apercevoir le Ciel. L'Homme comme moi sommeille pendant la messe par ennui du rabâchage, c'est quoi la bonne et heureuse nouvelle ? Seule une idée nouvelle peut me réveiller d'une homélie. S'il y a le sacrement de réconciliation c'est qu'il y a eu un doute factuel prononcé, nul n'est propriétaire de sa foi, elle peut m'être retirée à tout moment par une action satanique laide, une œuvre terroriste, une maladie inopinée qui sont les aléas de l'existence terrestre, voulue ou non par Dieu. C'est bien de se donner la paix en faisant un geste à distance c'est comme dire bonjour à un inconnu dans la rue, sans espoir à priori de réponse. La vie des puissants est faite de serrements de mains, d'accolades, de discours, de lunchs et d'apéros, ils ne m'impressionnent guère même si la télévision en fait témoignage ; miracle dû à la notoriété non partagée par la multitude qui n'est jamais assez mure à l'encensement par l'autosatisfaction ou à l'autocritique, difficiles sans pairs partageurs.

Sans mentor il n'existe que le don fou de soi, un acte en solo comme un don personnel pour le Père qui représente Dieu sur terre ; à son niveau le pape ou l'évêque sont des mentors en tweet physiquement éloignés. Il subsiste la crainte d'un mot en controverse et l'idée du mariage des prêtres est encore symptomatisé autant que les fans de Johnny Halliday qui crient et voudraient jusqu'à un morceau de son costume. Les bures ou les frocs des prêtres sont intacts, parfois tachées de sang comme à Saint Etienne du Rouvray, le père Hamel ; certains pourvoyeurs de morts, nazies sont morts tranquillement dans leur lit, à un âge canonique. Le Père Hamel fait figure de saint, l'attentat raté islamique en 1981 à l'encontre du pape Jean-Paul II est un exemple de pardon miséricordieux, c'est le désir d'un homme vivant de se réconcilier avec un autre, radicalement engagé et prêt à tout. Jean Paul II est un saint de miséricorde, sanctifié et voué à l'immortalité de la civilisation judéo-chrétienne.

Chapitre 10   Allégresse

L'homme ne doit pas se comparer à Dieu, il est créé à son image certes, Dieu reste invisible mais il est Dieu. Dieu a créé ce monde parce qu'il se sentait seul, un monde complet que certains définissent en évolution mais avec le sentiment de finitude. Il a créé l'homme pour que l'homme l'imagine pour se rapprocher en élévation spirituelle de l'œuvre du créateur ; ayant mangé le fruit de l'arbre de la connaissance, après avoir répudié le serpent il pardonne la femme qui l'a écouté ; Adam a compris qu'il a été fait avant la femme mais qu'il descendait de Dieu et non de la femme. Peut-être est-ce là le fruit d'une connaissance misogyne ; en tout cas Dieu montre ce qui est impur à ses yeux. Y a-t-il un bien à, par exemple, avoir une loggia ou pas, un pied à terre temporel et naturel où il fait bon se réfugier pour méditer les matins de printemps radieux, pour arroser les plantes vouées à la déperdition.

Tout ça n'a pas de prix, ou plutôt il en a pour l'universalité de son nom, il y a des plantes à fruits vénéneux, voire mortels, la parisette en est une.

La boisson rafraîchissante grenadine et lait goûtée par le président Hollande au salon de l'agriculture est une parisette.

L'objet sous cloche avec de la neige quand on la retourne est aussi une parisette.

C'est simple il faut payer son bonheur et son prochain va participer à l'œuvre de création de son logement où il prendra forme, étant enfant de Dieu. Les murs ont de la valeur, louer des murs ce n'est pas louer Dieu qui est miséricordieux, ce n'est pas ce que Dieu veut. Dieu, l'être suprême veut-il que je sois incompris ? Si je le suis ou redevenais seul je renierais mes écrits à quatre-vingts pour cent ; je serais certes comme une cloche automatique au sommet du clocher d'une église, sans Amour on n'est rien ; si pour une seule raison je répudie mon passé alors je serai loin de la volonté de Dieu, ou être Dieu immortel à son tour à répudier Adam et Eve. Une femme Dieu, un homme Dieu, tous les hommes Dieux ; allons nous vers un polythéisme ? La volonté des uns face au carillonnement des cloches se dissout par une plainte contre X ; juste pour honorer le père qui est juste au ciel. Il y a une victime du voisinage qui se réveillait à chaque son de cloche toutes les demies heures ce qui lui a causé une dépression. La tolérance face à la liberté de Clochemerle n'est pas de mise si sa santé est en jeu. La pétition des autres citoyens moins gênés n'a pas abouti, telle est la loi du pot de fer contre le pot de terre. De la lutte aveugle contre le harcèlement.

Il y a du bon à décortiquer les nouvelles locales pour ne pas dissimuler les misères du monde près de nous, qui l'enlaidissent. Il n'y a pas de plus grand Amour que de donner sa vie pour ses amis. S'il y a injustice dans la solitude il ne faut pas se dire que c'est Dieu qui l'a voulu mais penser que nous sommes en relation avec d'autres qui subissent les mêmes situations ; là le dialogue est possible.

En qualité médicale de bipolaire pour moi la devise de l'Amour à ne pas transgresser est celle-ci : Il n'y a pas de plus grand Amour que de donner sa vie à « seize » amis, c'est s'éparpiller. Jeu de mot ou de maux qui vous fait penser sans doute à l'un de mes derniers livres ; un avènement parmi la multitude plus qu'un événement relié à ma vie.

Mon devoir d'actif assumé, l'heure de la retraite ayant sonné est-ce la fin de ma bipolarité? Jugement des docteurs qui aiment classifier pour soigner ; ils me condamnaient à souffrir psychiquement avec dépressions, sautes d'humeur et euphorie. J'aimerais savoir de quand date ma dernière exaltation, je n'ai eu qu'à me lamenter sur ma condition de civil parmi les militaires. Ce qui dope mon ego actuellement. Ce combat, car s'en était un, plus visuel que raisonné m'avait éloigné de toute sérénité avec un repli sur soi, devenu inévitable. Le proche recul me fait prédire un soin de Téralithe en complément de l'hostie pour recevoir l'esprit saint que les militaires ont tâché de donner sans y parvenir : Allez chasser la gueuze ou boire une bière, un colonel me dit. Si le dictionnaire explique plusieurs définitions de l'exaltation en ce qui me concerne, mon diplôme humain de maître n'a jamais été reconnu financièrement. Si ce n'est à mon entrée, il fallait savoir se vendre. 37 ans de francs et loyaux services, moi qui ai eu des difficultés à m'exprimer en faire valoir je souffrirais d'une surexcitation de l'esprit en écrivant des programmes pour les autres. L'Église stipule l'exaltation de la Saint Croix le 14 septembre en mémoire de l'arrivée de Jésus à Jérusalem ; ce ne serait qu'un cas produisant une exaltation passagère ? Il ne faut pas confondre avec le terme exulter, qui ressemble à une propension d'allégresse. Les chants d'Eglise entonnent l'exultation, un excès de joie est-il mauvais au bipolaire ? La bipolarité n'avait pas de signification dans les années du dictionnaire en 1972, faisant référence à une notion de géométrie dans laquelle un point est déterminé par ses distances à deux points fixes.

Ces deux points ont la propriété d'être fixe. La terre tourne sur son axe, la notion de relativité s'applique encore à cette définition dans l'espace. Si le déterminisme existe un déterminant d'une équation du second degré à zéro donne une racine double, l'analyse est facile, mais la transposition à l'homme l'est moins, peut-être pour définir la solitude de sa souffrance par immersion des points fixes considérés. La gravité donne aux nouveaux-zélandais une tête inversée avec leur pied. Le délire paranoïaque de 1972 n'a pas beaucoup changé et n'a pas de lien avec la bipolarité. Celui-ci se caractérise par un orgueil démesuré, de l'égoïsme, de la susceptibilité et de la méfiance ; toutes ces qualités ou défauts ne pourront se rendre visibles que par un échange de paroles et par un jugement d'autrui approprié et attentif. Très naturellement la définition première d'une dépression correspond à un aplatissement accidentel, il est question de ralentissement des affaires ou de diminution des forces physiques ou morales, hors météorologie et le pet des vaches générateur de méthane la notion de dépression est synonyme d'anxiété et de mélancolie.

Pendant ma récente vie, loin de me désagréger, j'avais eu une impression désagréable de penser que les médecins, forts de leur tour d'ivoire, ne voyaient pas en bas du clocher, la nef par devant le chœur. La prescription de médicament à vie nous fait penser à une guérison impossible, une impuissance à soigner certaines maladies de l'esprit comme il existe des prisonniers condamnés à perpétuité, dans mon cas l'innocence du patient n'est pas à démontrer, le serment d'Hippocrate restant la loi universelle médicale. En plus le nom des produits pharmaceutiques fait partie de l'attirail de sorcières par abracadabra, l'obscurantisme lié à l'étymologie des produits, plus encore des génériques : là est un effet placebo du mental qui pour mémoriser réfutera le bienfait de l'allopathie ou de l'homéopathie face à des médecines plus naturelles. En grande partie responsable de sa situation et de ses pensées masochistes depuis la création, sans obéissance, l'homme ne cesse de pécher ou de se prendre pour un Dieu, de se surestimer par moment. L'Église communautaire a vocation de faire que l'homme soit Dieu, mais celui-ci sous estime t-il la Nature ?

Attention danger ! La une pour ces tueurs qui tuent sans vergogne, tel Fourniquet sous le simple prétexte que leur impulsion vient du Christ. L'Église et les révèrent pères par leurs homélies direction l'homme-Dieu est une incitation pour les pauvres d'esprit ou les humiliés à se faire connaître par des actes barbares ou malhonnêtes. La responsabilité des prêtres ou imam catholiques ou musulmans est grande, le côté spectacle même s'il ronronne d'idées rabâchées, réitérées peut influencer vers le mal plutôt que vers le bien et ce n'est pas se reconnaître pécheur qui changera le mal en bien. Un Dieu invisible, son fils, Jésus accapareur de foules crédules, un esprit saint fait d'individualisme ; nous sommes loin du chemin de foi pour tout le monde. S'il n'y a aucun malade mental dans une communauté, voir les statistiques, alors très bien ! qu'il en est un qui se croit le christ réapparu, notre passé avec notre père géniteur, ou le Père Noël incitent à douter le contraire. Il y a la contemplation de la nature, les soins et la prévenance apportée ; homme sapiens de sa grotte s'exalte d'une manière intérieure, sans ostentation par ses dessins sur les murs. C'est tout un art que d'éveiller ses sens à la Nature, se questionne l'homme pourquoi les arbres poussent droit, pourquoi les chats errants agissent sauvagement alors qu'ils ont des maîtres. L'instinct de l'homme pousse à croire en Dieu, pourquoi suis-je là à penser agir ou contempler, il n'est pas toujours bon que l'homme soit seul et s'ennuie car dans la solitude jaillit la méditation, parfois grâce à des musiques appropriées. Les événements mortifères de la vie font qu'une prévention médicamenteuse se justifie sans fin. L'esprit est sans ersatz… Alors les hommes devraient tous prendre des cachets d'auto indifférence pour ne pas écouler des larmes involontaires, signe de repli sur soi qui sont déclenchées par les stimuli de la vie.

Comme une boîte aux lettres reçoit le courrier que l'on ne veut pas voir ou celui du Père Noël, des demandes de don d'argent, des lettres de miséricordes pour les animaux, cet amas de courrier diversifié peut contenir des chèques pour paiement d'impôts ou des amendes. De quand remonte cette coutume du facteur. Depuis le marathonien, jusqu'au soldat ou vaguemestre, les pigeons voyageurs et l'homme ont eu besoin de communiquer. Pourquoi vouloir ne pas communiquer avec Dieu sans se prendre pour le Christ martyr ? Les poissons rouges dans l'aquarium ne se posent pas de question, atteints d'impaction orale, ne dit-on pas muet comme une carpe ? Ils sont les témoins muets de ma vie. Une vie faite de petites choses en espoir de plus grandes, la nature nous fait adopter pour notre bien-être et notre salut ces animaux à durée de vie si courte. Je ne suis pas tenté, comme jamais, à faire du mal à mon prochain volontairement, je préférerai me faire du mal ou faire contre moi des actions anti naturelles ou me dévaloriser en face du spectacle des sordides merveilles de la création.

Encore trois heures à attendre avant de manger la paella au café du marché, rituel et habitude qui donne un but à la vie. Profitons des lieux mis à disposition tant pis pour ce que ça coûte. Toutes les heures ne se ressemblent pas il faut considérer la joie promise à savourer les plaisirs terrestres, être servi dans un autre cadre que sa maison ; c'est Noël. Nous avons tous besoin de faire des projets terrestres pour se désenclaver de nos habitudes et de la gravité, goûter à la spiritualité. Il y a des endroits plus calmes que d'autres où on s'intériorise comme dans les couvents, les églises. Nouvel écrivain je tiens mon essor en me présentant comme acteur local dans mon environnement, même si je juge qu'il n'est pas aussi ordonné à souhait.

Nous serons réduits à des grains de poussières à des atomes à notre mort, honorons Bohr le physicien : pourquoi ne pas profiter de la lumière qui nous est offerte ? Pour mon temps d'écriture dont la durée n'est pas déterminée il n'est pas question d'ennui par le travail qu'elle représente en don de soi dans l'espoir qu'un jour je serai aimé par un certain grand nombre de lecteurs ; pour cela il faudrait financer une bonne promotion ce que je rechigne à faire ; je n'ai vendu que dix exemplaires de mon premier roman, donné un plus grand nombre à ma famille et amis ; je reste inconnu sauf par mon entourage, ma femme, mon fils qui en retour m'encouragent. Un jet de pierre dans l'eau d'une mare crée une onde circulaire et concentrique qui agite l'eau et fait de courtes vaguelettes de faible amplitude ; la pierre disparaît aussitôt sans se soucier de la formule de gravitation universelle et va rejoindre au fond la vase et les vers. Si les hydres d'eau douce étaient tranquillement installées à la surface elles seraient bouleversées par les ondulations, événement qui viendrait troubler leur existence. En non conscience ces insectes parce que ce ne sont que des bestioles l'homme les domine bibliquement.

Au sens propre le pain nourrit le corps, comme la lecture nourrit l'esprit. La figure des idoles, leur apparence à qui , en fan, on prodigue des louanges, des flatteries font du culte des idoles un schisme entre religion. Ainsi la représentation de la figure du prophète Mahomet par des caricaturistes à été la cause de la tuerie de Charly hebdo de toute bonne fois le squelette enrubanné de Jésus sur la croix peut être assimilé à un culte, dont la louange est servie par les prêtres au cours des messes. N'y a-t-il pas là une contradiction avec un foi commune entre musulman et catholiques ? Les officiers ecclésiastiques ne se remettent pas en cause car la base de la croyance est la résurrection après le martyr de la croix. La critique est aisée l'art est difficile, en tout cas pour certains en mal d'idées positives, le mensonge est une tare entre les deux communautés. Il n'en faut pas plus pour déclencher des guerres de religion ; en 1870 un simple message, une union impossible avec l'Espagne, un assassinat de roi, maintenant il s'en faut pour une floraison d'antichrist côtoyant des athées, des mécréants, des agnostiques. Ainsi l'agneau pascal est un symbole d'une religion non réfractaire à la tentation de manger de la viande d'animaux, étourdis et apeurés de souffrir avant de mourir pour satisfaire l'appétit de ces ogres de chrétiens qui mangent en symbole le corps du christ. Le spectacle de la messe n'existait pas avant la résurrection du christ et l'écriture des Evangiles fait sujet de publicité sur la cannibalisation même si l'oliban, j'ai nommé l'encens offert par les mages à la nativité a été repris au même titre que l'or, la myrrhe pour pensait-on penser éloigner les mauvais esprits. Nous sommes loin des sacrifices avant la venue de notre Jésus.

Qui oserait flatter le corps en croix de Jésus, par adoration sans être susceptible de cultiver une idole que les musulmans ne reconnaissent pas historiquement.

Quelle revendication commune entre chrétien et musulman pour faire cesser les actes terroristes unilatéraux par intolérance, ou vengeance idéologique et un accoutrement différencié ostentatoire et spécifique ?

Qui nous rendra la paix universelle après cette émergence froide violente et ponctuelle.

Vers une société multiraciale, se pose la question sommes-nous satisfait du modèle existant ? Non ! En séparant église et état en 1905 sans réforme, le système sociétal est devenu invivable visuellement critiquable ; soyons courageux et remplaçons pour le bien de tous cette loi par une autre appropriée en tenant compte de l'islamisation, gangrène étrangère de la France. Ce qui est capital est loin de détruire par hégémonie hérétique les églises et cathédrales érigées pour le rassemblement communautaire des Hommes. Je proposerai quelques amendements d'abord l'hostie fabriquée par des bonnes sœurs verrait sa couleur blanche, colorée ocrée en simplement noire ou en brun, dans le calice doré ce qui donnerait un sens de couleur à l'assemblée, alternativement. Vous verrez que c'est inéluctable, la coloration de Jésus en croix est multiple du blanc au noir selon les églises. Ce qui ne changerait rien à la foi des chrétiens. Un geste de paix après le Notre Père avec ferveur par le mélange des couleurs. A Trappes le corps physique du christ est noir. Un avis personnel ne peut présager l'ethnie d'un futur pape noir, suite à Benoit XVI et François. Nous pourrons discuter longtemps sur la parité de couleur parmi la communauté chrétienne, l'hostie doit refléter cette tendance. Le pape François comme Trump twittent tous les jours et devraient diversifier noir et blanc, osmose impossible ? Peut-être la mélanine devrait avec son aspect visuel prédominant n'être qu'un élément ; les hommes voyant avec les yeux, Dieu voit avec le cœur, organe vital, la survie et la croyance en Dieu est à ce prix.

De même la malédiction des Valois et leur fin expurgée par une auteure écrivaine romancière dont j'ai perdu le nom ne me touche pas. Ma mère m'a enseigné son ascendance de cette branche de l'Histoire de France où les rois régnaient de droit divin. Pour mémoire en 1830, le roi Ferdinand d'Espagne promulgua une nouvelle loi qui annula la loi salique. Je ne renie aucunement mon appartenance génétique à LOUIS IX ou aux Valois ; les vivants ne vivent pas dans un tombeau ! Alors que le prénom Estelle est romantique, les royalistes sont morts à la révolution. Il en est qui descendent de bien plus loin dans le temps, jusqu'au XIIIème siècle. La Sainte Chapelle épargnée par Daech reste un témoignage du constructif de mon ancêtre. Merci Maman de m'accompagner dans mes rêves malgré ton absence physique. Tu m'as ouvert les yeux devant le spectacle africain si différent en us et coutumes où tu as pris dans tes bras de femme un petit enfant qui ressemblait au petit Jésus noir en crèche avant qu'Hérode ne vienne le pourchasser pour le tuer dans un génocide ; on commémore les saints le 28 décembre.

Chapitre 11   Importance

La bible nous apprend à être un vecteur libre de la lumière, un nouveau sentier se profile à moi et à tous les couples appelés mixtes qui nous ressemblent.

La société française ne progresse pas au même rythme qu'aux Amériques ; les noirs et les métis se trouvent pour la plupart soumis à des tâches inférieures, voir ces préposés au ramassage d'ordures, plus sérieusement la Sécurité embauche volontiers ces videurs aux muscles puissants, contrôleurs admis à des postes de dissuasion ou de filtrage à l'entrée des grands magasins ou des manifestations festives.

Les gens admis à ces postes contribuent par leur action ou leur perspicacité à ce que la société ne soit pas l'emprise d'une liberté sauvage, dans un but sécuritaire, le masque est proscrit à tous dans les lieux clos à cause du coronavirus. Je remarque la non agressivité dans le ton de leur voix, leur attention soutenue aux portes automatiques. Leur boss doit être souvent un blanc et ils doivent avoir un casier judiciaire vierge, peu importe leur nationalité.

Leur rôle est magique, conversationnel en période d'urgence car les délinquants sont sujets de fouille, en personne zélée sans discrimination de faciès.

Ces gens ont un rôle ingrat sans obligation de résultats, ce qui les rend sympathiques, statufié d'ébène. Des jours passeront sans tomber sur une personne ayant une arme dans le sac à provision, couteau, colt ou poing américain. Je ne sais pas si certains d'entre eux sont adeptes d'arts martiaux. Les hauts sportifs comme Teddy Riner ou les escrimeuses sont les fleurons de l'image sportive française. A cette différence qu'ils ont notoriété et subsides financiers plus dignes en renom qu'un simple employé de gardiennage. La porte ouverte par la décolonisation après1958 par le général de Gaulle, l'après Joséphine Baker et le BUBIDOM qui n'offrait qu'un billet aller vers la métropole. Ainsi la France multiraciale à l'instar des Amériques et après le dégoût d'Hitler face aux athlètes noirs victorieux à Berlin, devient peu à peu un phare grâce à une ampoule pleine de justice et de justesse, je nomme l'excellente Taubira. Dans l'avenir bien d'hommes métissés iront apporter un sens à leur histoire après une prise de conscience non dénigrée par une majorité de blancs occidentaux multirégionaux.

La sagesse que moi, comme tant d'autres, ne connaîtra jamais parfaitement. Seulement une parabole pourrait s'appliquer à certains impies intolérants comme les marrons achetés il y a trois jours qui ont séché et qui deviennent véreux et impropres au goût. En ces temps de fêtes les marrons grillés dans une poêle sur un feu moyen éveillent les sens avant la dégustation; après un temps étouffés dans un linge pour garder la chaleur; il ne faut pas attendre qu'ils deviennent durs et froids pour les déguster. Deux entailles une chaque côté et une plus longue sur le dos permettent une cuisson parfaite, dans la plus parfaite tradition des maîtres chaudronniers sis sur les trottoirs de Paris.

Seigneur tu as changé mon deuil en joie, j'ai même dansé je crois.

Chapitre 12 Canaries

L'heure du décollage approche vers ailleurs, nous avons prié pour la fin de nos tourments, un réfrigérateur en alarme de température et une température au dehors négative accompagnée de givre et de neige : Nous allions derechef vers les Canaries, au ciel bleu pour passer les festivités du Nouvel An. Après quelques échanges téléphoniques notre taxi nous annonçait d'un ton gagnant qu'il avait récupéré sa voiture mis au garage pour entretien depuis une semaine. Sans encombre nous atteignions Roissy après quarante cinq minutes dans la neige et la brouillard. Au terminal 3 nous rejoignions nos amis qui nous attendaient. Bien sûr nous avions pesé les bagages; quelques vols étaient retardés dont celui de Barcelone. Les passagers furent consolés de leur retard par un sandwich et une bouteille d'eau minérale. Nous allions embarquer à l'heure mais nous allions être retardé par une maintenance de dégivrage de l'avion. Le décollage se produisit avec une heure trente de retard. Aucun déjeuner, un café lyophilisé en granules à 3 euros cinquante, des boules Quies dans les oreilles, un coussin sous les fesses dérobé à Air Caraïbes deux mois plus tôt et un autre autour de la nuque. Je réussis avec détermination toute une grille de mots fléchés. Nous atterrissions la nuit sous un vent modéré : 25 degrés Celsius annoncés, la douleur à l'atterrissage a chamboulé mes oreilles.

Seigneur tu es mon refuge pour un temps tu me préserves de l'angoisse des grands froids et j'entonne un chant de délivrance : le grand anticyclone européen avec vent d'est ne me nuira pas. Tu me fais reposer sur des gazons verdoyants et restaure les forces de mon âme.

Tu dresses la table au vu de ces invités dévoreurs de victuailles, ils ont oublié qu'un enfant de la terre meurt de faim toutes les dix secondes, selon la FAO. J'avais fait un don à l'UNICEF avec générosité et charité avant mon départ, je me trouvais en bonne conscience dans la grande salle de restauration, est-ce ce don qui me permit de manger un carré de poisson d'espadon en toute miséricorde religieuse ? Premier contact avec deux litres d'eau pétillante additionnée d'alcool qui trouble les sens.

Dès le décollage, après quelques secondes de montée, l'avion sans visibilité mais avec un pilotage automatique s'enfuit de la grisaille givrée du brouillard, quand le soleil enfin s'engouffra par les hublots, des cris de joie des anonymes montèrent de la carlingue, c'est la seule et réelle vision positive après la fuite de la chape du brouillard pollution due à l'énorme anticyclone européen.

Inutile de vous dire ou écrire que l'inspiration ne proviendra pas des ondes AM ou FM. Si mon espoir de contacter RFI n'a duré que quelques instants, j'en éprouvai néanmoins ma désillusion je n'aurai de news qu'avec deux jours de décalage grâce aux journaux de la métropole. Il faudra vivre aux Canaries avec la wifi mais sans la radio. Sans m'assimiler à un homme de troisième catégorie, je pensai au sens essentiel à la vie : la vue, l'ouïe et un troisième : l'imagination. Un livre à lire de Pierre Rabbi en convergence des consciences est le livre préféré de mon fils. Il me l'a offert à Noël et je l'avais emporté dans ma valise. Un livre divisé en paragraphes courts et illuminé. Le bonheur est notre devise. Pierre nous invite à nous libérer du Dieu de l'imaginaire pour aller vers l'indicible forme de transcendance dont on ne peut rien dire sans mentir. Donc il vaut mieux apprendre à se taire ou écrire des pages de prose romancée, l'art du roman est de faire imaginer une vérité différente du réel, à défaut d'aiguillon personnel.

Le roman tend à devenir un art, comme un film policier dont la trame appartient au bon gré de l'auteur. Par résonance les sons des cloches retentissent à l'heure pleine sur des airs d'Ave Maria à midi et toutes les autres heures, avec une touche particulière ce qui n'est pas le cas des cloches de métropole baptisées au prénom d'une sainte avec un heurtoir sans mélodie quelle que soit l'heure. Des voisins se plaignaient d'être réveillés deux fois par heure, la nuit sans harmonie. Je n'avais pas connu ce remède à la mélancolie de la noce auditive auparavant sauf peut-être en Côte d'Ivoire toutes les cinq heures en haut des minarets.

La douce puissance des cloches de Ténérife apportait l'apaisement dans une diversité de sons en nous invitant à visiter leur église génératrice de plus d'harcèlement que par celles de métropole où le tympan gelé scandait une monotonie réitérée. Les chants partisans de la Marseillaise ne devront plus exister car leur sens est éloigné de la paix et la fraternité relatant des mots guerriers en épopée de bataille et de barbarisme tels égorgements, sang impur hors l'avènement de l'union européenne en 1945. Un chant, un hymne unificateur du début des matches internationaux. Puisque la nouvelle guerre est interactive autant qu'économique les sportifs sont incapables de s'exprimer sinon par leur physique en son nom, enclins à se montrer des leaders dans leur club. L'hymne national en France est devenu symbole d'union oppressive, qu'il est impossible à ce jour à éradiquer, comme une mauvaise herbe dans un champ de fleurs. Une révolution liée à la méditation sur la beauté des choses et nécessaire. L'automaticité des cloches ou les roulements de tambour sont certes des souffles de vie, reste pour nos jeunes à s'adapter à un monde plus lumineux international et pacifique.

La convergence des croyances naîtra inéluctablement de celle des consciences prôné par Pierre Rabbi ; plutôt qu'un faisceau de lignes parallèles qui ne se rencontrent jamais. Dans les Canaries il subsiste une grande ferveur pour le culte de la vierge noire. D'où nous sommes, grande complexité pour rallier ce point réel, changement de bus, langue inconnue par moi. Il était question en début de voyage de se documenter, la disparité dans la croyance est-elle une bonne chose ? N'y a-t-il pas dans ce mélange une racine de doute générée par la double croyance chrétienne issue de fils de Noé : CHAM. Sujet de la genèse et de l'incarnation dans le corps d'une femme vierge. Les anges rivalisent avec les prophètes pour l'annonciation d'un avènement à venir d'un petit homme qui changera le monde. Il plane le doute de l'invisibilité comme une ombre de méfiance paranoïde pour tous ceux qui pensent que le mystère est grand ; le simple réveil des consciences par la barbarie et la violence est-il le seul moyen de réveiller le sens divin de nos vies lacunaires ?

Chapitre 13   Valeurs

Je suis à l'unisson de la pensée de Pierre quand il écrit que la suffisance donne de la valeur à ce que l'on possède alors que l'abondance la banalise. Repos assuré face à un manque latent, en somme.

Encore une expression partagée ; « Je remercie la nature de me permettre d'exister ». Je voudrais que cet ex-voto à ma mort soit inscrit en lettres dorées, il définit bien que la Terre est un don, le premier homme ne s'est-il pas proclamé Dieu après avoir goûté au fruit de l'arbre de le connaissance.

Jusqu'où ira la bonté de Dieu, la fin de mon livre est prévue, comme la fin d'un monde, j'espère que la première précédera l'autre. En synergie 1 + 1 = 3 avec l'auteur je me proclame ami intuitif de Pierre silencieusement.

Inutile de polémiquer pour réveiller les esprits des électeurs, inutile de déclamer des phrases à double sens pour que chacun tombe dans le piège oratoire tendu par un professionnel de la parole, inutile de vouloir séduire avec des promesses dérisoires, inutile d'avouer que manger des saumonettes (lire nous sommes honnêtes) il faut, tous les jours, faire preuve de loyauté et de probité. Comme un professeur de lettres qui hésite à donner de la pâture pendant la saison à ses élèves le meilleur livre ou conte qu'on n'a jamais écrit, l'exemple du petit prince de Saint Exupéry. Il hésite comme Dieu à donner toute la teneur de sa foi, de peur qu'on la lui reprenne. Une réserve manifeste déclenche une insatisfaction en la gardant pour lui-même dans un instinct de conservation, en thème banal de sa personnalité. Dieu ne nous donne que peu à peu l'immensité de son pouvoir, ce que les hommes appellent progrès ou essor, il laisse à l'homme le loisir de découvrir la beauté de sa création. Sans jeu de mot en français personne ne nie le progrès progressif plutôt qu'un coup de scène théâtral, à l'exception de la naissance et la mort de Jésus soudaines ; tout comme la résurrection de son coma violent.

Parlons de coopération universelle, ce jour sacré c'est dimanche, le premier jour de l'an neuf, en absence de revendication, si ce n'est notre désir inassouvi, impossible immortalité, cette période de
vacance n'est pas celle de l'Esprit qui nous guide et ne cesse de nous transcender par la paix intérieure de la méditation et le silence. Tout brin de violence n'est pas coupé, le spectacle de l'horreur en Turquie n'est pas digne de ce jour une semaine après Noël. Que faire contre ces attaques terroristes aveugles ? Seule la répression après coup et la recherche de cet homme déguisé en Père Noël est la seule action d'envergure qui soit raisonnable. L'État islamique sait détruire à des moments précis pour détourner la foi des chrétiens et affliger la conscience passive et pacifique d'une majorité coalisée pour la paix, un spectacle de ravage et de division. Au nom de quelle justice peut-on s'accorder face à un schisme qui nous fait oublier la volonté des palestiniens à s'octroyer un Etat que les arabes réfutent. C'est vrai en Israël. Nous leur avons vendu des armes qui maintenant se retournent contre nous. Devant cette liberté factuelle et conflictuelle l'autosatisfaction financière fait pâle figure, une honte par l'argent devant cette explosion de haine soudaine. Paradoxe, la fin de lecture de Pierre Rabbi s'affirmera en son temps tout comme l'anéantissement des forces de Daech, nouveau prédateur de la civilisation humaine.

Je reprends l'idée de Jean-Marie Pelt, écologue pour délivrer la leçon fondamentale, dictée par une relativité restreinte, de l'importance de la Coopération avec un grand C et de l'asociabilité actuelle des espèces noirs et blancs pour l'émergence d'une conscience universelle du vivant, son rapport avec la nature, celle des hommes, des animaux, des végétaux qui ont tous un biotope à partager.

La coopération n'est peut-être pas le seul sens affirmé de la vie organisée qui a un but temporel, financier aussi, pour nous rendre plus expérimenté en vue de faire partager notre savoir à d'autres, groupes restreints ou communautaires où la greffe peut prendre en bonne fraternité sans rejet ni esprit de sectarisme.

Depuis la manipulation adroite des esclavagistes du travail, jusqu'à la propre reconnaissance de soi il existe une implication du don de soi recommandé par une manipulation des consciences ourdies par la solitude d'une vie en devenir sans garde-fou, ce qui n'est jamais satisfaisant. Comment peut-on ? Comment peut-on associer la notion d'intégration d'une minorité dans un plus vaste collectif tout en conservant l'anonymat pour une liberté voulue pour soi et non pour la communauté. On exclut ceux qui ne parlent pas notre langue ; on parque des marginaux dans des grands ensembles « hors corps social » qui rechercheront un collectif propre à eux, à leurs us, à leur parler. Le mal des banlieues, le chômage, l'exclusion des valeurs de la cité, le deal permanent pour toute chose.

Les migrants restent des humiliés, des apatrides, en fuite, des étrangers couverts de suspicion : ils seront refoulés aux portes du travail comme des corps étrangers à la greffe ratée, qu'aucune communauté urbaine ne peut prendre en compte pour se loger , les nourrir, en assurer un semblant d'avenir, les occuper, se rassembler, c'est une bonne intention de l'Église qui plébiscite une action positive et financière pour leur intégration, que beaucoup jugent impossible comme la venue d'une verrue soudaine qui mûrit avant de proliférer dans la crainte. Les gens du voyage souvent sans électricité légalement acquise font office de malfrats et sont dans de nombreuses affaires louches.

Sujet utopique que l'assimilation des migrants, deux cents en six mois tentent de la France de rejoindre le Royaume Uni ; il y a bien ceux qui se réservent le droit de les aider en toute miséricorde.

Les étrangers sont là par hasard ou nécessité. Le vrai sens de leur vie est celui des ghettos de banlieues, leurs attributs vestimentaires les font remarquer, ne flattent pas leur corps et dénoncent une sorte d'esclavagisme social et religieux. Ces musulmans qui vivent en symbiose avec leur propre image surtout les femmes et leurs sœurs choquent notre regard ; ils nous font même détourner de notre chemin, passants anonymes ou plus encore dangereux et menteurs. L'évitement du contact et de la parole sont de mise, le seul bon côté que je trouve à leur encontre c'est qu'ils nous font réfléchir à notre propre existence.

J'ai pourtant tenté une fois à dire à une musulmane et son fils très jeune : « Jésus !», essayez vous verrez et entendrez comme c'est étrange ! Que cette femme voilée croisée sur mon chemin ait pu interpréter rageusement mon propos comme s'il s'agissait d'un instinct de self défense tout en lançant un regard haineux de défiance. Depuis je n'ai plus parlementé avec un groupe de rue similaire, sans mission hormis le regard à supporter muet et indifférent. Migrante volontaire ou simplement actrice en regroupement de famille avec un mari premier migrant, peut-être travailleur émigrant seul vers notre si beau pays dont l'unité d'après guerre semble à tout jamais désarticulée par une hégémonie de laisser faire, laisser aller sans frontière de nos anciens gouvernements laxistes sous la pression d'un patronat, le MEDEF en quête de main d'œuvre à bon marché. La tâche pour les renvoyer semble dérisoire et immense car elle se heurte à la vocation française d'être une terre d'asile de la liberté et du droit des hommes, cette utopie galopante pourrait être la réalisation du rêve du Rassemblement National qui a tant de mauvaises idées comme l'abandon de l'euro et le retour au franc. Il reste qu'un programme ambitieux moraliste manque pour atténuer les fautes des politiciens antérieurs. Je ne pense pas à une renaissance après une fin de la Vème république je pense aussi que les hommes politiques les plus en vue, encore jeunes et ayant perdu aux élections devraient entamer un examen de conscience, écrire des livres, d'un façon appropriée aux circonstances pour le plus grand bien des citoyens électeurs ou non, sans oublier d'afficher leur revenu de retraité de la présidence sur leur avis d'imposition. Ce constat d'idées a été fait dans le livre « La convergence des consciences », puiser ainsi pour chacun un programme de lutte comme si nous étions devenus des candidats à l'élection présidentielle : voir l'humoriste Bigard qui rivalise avec Coluche en notre temps. Relever un tel défi nécessite du cran et de l'argent, ce qui n'est pas à la portée de tous, il faut savoir souffrir de l'ironie partagée comme celle des notables pour les cinq cents signatures ; ces artistes célèbres espèrent atteindre un ciel étoilé et l'étoile polaire sans trou noir pour éclairer leur chemin.

Passée la volonté de faire fructifier ses diplômes, lutte pour la vie en société, diplômes acquis en haute lutte avec tant de sacrifice de temps et d'espérance, dans les bureaux froids avec geôliers intendants de notre conscience assoiffée de liberté et non d'asservissement, d'égalité riche ou pauvre et de fraternité chrétienne ; le temps est venu à l'instar du Dalaï-lama de se transcender par une méditation pour se sauver et satisfaire corps et âme pour recouvrir une bonne santé équilibrée sans dépendance ni contrainte.

Ne négligeons pas le vecteur de la vie sous jacente à notre apparente appartenance à notre cité, notre ville, un retour aux sources de la vie, nous sommes tous nés là quelque part sous une configuration stellaire déterminée, ce qui nous rend différents des autres mais pas égaux en devenir, sans oublier penser Jésus dans une maternité moderne avant la crèche ; nos parents travaillant, les mutations, les choix des migrations nécessitent périodiquement des profondes racines en ruralité pour équilibrer la vie des citadins. Nécessité ? Ou instants comme le saumon remonte à la source du torrent ? Une vie sans racine c'est comme une plante qui ne croît plus, une plante artificielle dont l'avenir est figé et immuable, certes elle ne semble jamais se ternir et on peut la garder jusqu'à la mort.

Une vie sans évolution, sans progrès ni projet serait bien terne, tout comme le serpent qui n'a pas évolué depuis des millions d'années. L'homme grandit avec les siècles de quelques centimètres, il y aura toujours des géants, aptes au basketball, et des nains pour Fort Boyard. Le nombre d'obèses augmente sur la planète, alors que les premiers neurones sont apparus il y a un milliard d'années, on s'aperçoit par des tests en laboratoire que les animaux ont une mémoire et des émotions. Donner de la nourriture animale à des vaches herbivores est une aberration de la nature du progrès, les hommes créant aussi des steaks végétaux en trois dimensions. L'homme reste un pourvoyeur de progrès en étant influant sur la nature au détriment du bon sens, dans le but avoué de gagner toujours plus d'argent, grâce aux publicités attirantes, avec de belles filles stéréotypées.

Même les successions sont pernicieuses, en déclenchant l'idée de maltraitance ou d'abandon de nos anciens pour abréger leur vie et nous faire profiter de leur testament ou légalement se fâcher avec d'autres héritiers, cette mésentente retarde ou annule les fruits d'épargne du décédé car le partage ne peut plus se faire.

Chacun est libre de refuser avec raison un héritage devant un notaire qui rend possible en bonne entente le légitime partage et d'enrichissement des héritiers volontaires.

De même les voies de l'esprit saint initialisées au baptême chez un enfant en balbutiement ou chez un adulte converti ; l'héritage est une étape accordée à la vie chrétienne de plus en plus car longue est la longévité de l'homme en bonne santé, enrichissement qui lui permet d'évoluer.

C'est aussi Saint Paul, dans une épître aux romains qui pose le mystère des coups du sort. Bons ou mauvais ils changent le cours de la vie de manière temporaire ou définitive, ainsi un décès est un événement majeur, rarement attendu qui surprend par le vide sociétal laissé dans sa vie ! Une aide psychologique et morale est nécessaire à la disparition d'un être cher. Si un certain fatalisme peut s'instaurer dans notre vie, un médicament peut empêcher la dépression elle ne peut se parer d'images holographiques, désaffection de Dieu comme un bug d'ordinateur. Les voies du Seigneur sont impénétrables comme une entrée en jungle inexplorée que l'on déplore en priant l'Esprit Saint.

Pourquoi m'avoir abandonné en diminution de synergie et d'élément vital ? Peut-être pour renaître à une autre vie. Je ne peux plus affirmer avec certitude ce qui est le plus important pour moi, c'est la voix de ma conscience, l'Esprit Saint ou les voies qui mènent à la confiance en soi ou celles du Seigneur.

Pierre Daninos, l'humoriste écrivain disait être habité par la voix A et une autre plus petite b, deux voix qui se mettaient parfois en contradiction ; il écrivit le trente-sixième dessous, dans son discours, l'humour se présente comme une alternative à un échange de paroles jugé trop sérieux sans rapport au groupe familial où je suis.

L'Amour cosmique comme l'humour est une épée face à un bouclier. Parfois une boutade tombe à point, parfois à plat, souvent en remarque personnelle, la réussite en réaction est assurée par des rires en compréhension ou en affinité de pensée. Un calembour, jeu de mots ou de lettres qui tombe à plat coupe court à la conversation, sans lien avec le présent, parfois selon l'interlocuteur il peut y avoir un rebond sur un autre sujet. C'est alors gagné ! L'art de la conversation est de ne pas ennuyer on l'apprend en persévérance, par essais successifs mais pas par habitude. Dans l'espace temps un trait d'humour est assimilable à un trou noir, sera t-il reconnaissable ? On pourra le traverser sans altérer son humeur. Cette analyse cosmique nous fait aimer les sujets découverts et nous écarte de notre période terrestre, comme mon temps passé à l'armée pour 37 ans ; le suicide d'un camarade né à Troyes, un serrement de main oublié la veille de son départ pour les Cieux le premier avril 1980. Rêve et mémoire sont d'un seul tenant l'obsession cosmique du premier avril, saint Hugues rend opaque le passé que l'on presse aujourd'hui d'oublier, si ce n'est en rêve les soubresauts sont encore là. La volonté d'un homme d'en finir avec la vie est communicative et m'obsède en occupant mon ego de longues minutes, en état de conscience éveillée. C'est un événement sombre qui affecte par cet acte de liberté, un excès de pulsion, réfléchi ou non, accident ou jeu russe au pistolet face à la date empoisonnée et alevinée du premier avril. Nouvelle étoile double ou non: le suicidé est non un dindon mais un poisson de la farce. S'agissait-il d'une plaisanterie qui a mal tournée, un pari stupide style roulette russe. Un temps à jamais révolu, je suis retraité, mon délire vivant s'efface avec un petit déjeuner au pain fourré de fruits secs, où je me dis parfois : « Que vais-je faire aujourd'hui ? ».

Chapitre 14   Rêverie

Les rêves se confondent en mémoire, seule la réalité s'oppose au pouvoir rémanent de ma mémoire qui m'incite à les approfondir au moment de la vision du petit matin. Comment se déroulera la fin de ma vie, en bonne santé, un accident?

Morphée selon la mythologie grecque est représenté par un jeune homme au miroir, avec du pavot soporifique, des ailes de papillons silencieuses. Avec le pavot il s'endort comme l'homme mortel, lui fait subir des rêves parfois prophétiques. Le dérivé de Morphée(sommeil) est la morphine (drogue). Nous passons plus du tiers de notre vie à sommeiller, Morphée dans ses bras est devenu une banalité, une habitude inconsciente salvatrice et régénératrice au temps du polythéisme. Le monothéisme généré et plébiscité par Jésus nous donne un aspect plus étriqué dans le temps et moins généraliste sur les prophéties de Joseph et ses songes.

Réellement je pense que les rêves en état de demi-sommeil et de solitude peuvent se confondre avec une méditation demi-comateuse dans la phase de calme car ces rêves « in vivo » peuvent nous effrayer ou nous interloquer par les sujets érotiques ou fantasques dévoilés au réveil. L'idée érotique inhérent à un désir que notre mémoire mixe sans notre volonté.

Ainsi l'abord d'une jeune fille dans la rue qui vous amène dans son dortoir d'internat, on peut le rêver ou le vivre, qu'est-ce que cela change ? les risques d'un côté sont des MST, le SIDA, bavardage, espionnage. Un acte sexuel sans consentement est un crime. Le racolage passif était un délit ; maintenant c'est l'homme qui encourt une sanction pénale, pas la prostituée ; ça change tout ; l'homme bien marié restera fidèle, mais là où se cache l'Amour pour parler des Amours il faut de la connivence lors de la rencontre d'une inconnue, un échange indispensable en tout bien pour une convergence des consciences, pour un myope éviter la divergence, pour un sourd lire sur les lèvres. Rien de plus solide qu'une amitié amoureuse. Certes mais pour quelle finalité ? Partages de temps et d'idées en commun sans plus. Il peut y avoir déchirure par des partages exclusifs non basés en connivence, aparté en confidence.

Parfois la solitude réapparait après la séparation. Qu'avons nous tenté de vivre quelques bons moments ensembles? En fin du fin votre amie s'exclame en guise d'adieu camouflé : «On se téléphone ! » Par quel autre moyen vaincre cette séparation affective sous entendu par un simple rendez vous téléphonique. Elle ou moi téléphonera en premier, mais qui fera le premier pas ? Puis le pas suivant ? Faudra t-il apprendre le pas du chachacha pour apprécier un appel qui ne dérange pas, ou qu'on ne désire plus ?

En absence d'empathie l'homme seul nourrit ses pulsions pour être en avance sur ses désirs selon un code et un usage propre à lui. Maigre outil que cet appareillage technologique qu'est le smartphone. Une certaine déshumanisation est à la porte surtout en absence de réponse. Il faut savoir vivre avec pour donner un sens à nos sens. Ai je mon image miséricordieuse devant le miroir ? Je reste en état de spontanéité et de découvreur de mémoire enfouie et enfuie.

La trame de mon histoire est un fil ténu par un réel de similitudes qui a l'avantage de nous rendre moins seul mais moins apte à la méditation. La paix dans le silence nous fait aimer pour un temps la solitude, tout comme celle-ci nous fait aimer le présent et donne des jalons pour l'avenir.

Si nous étions immortels, à l'abri de toute maladie, sans se soucier de notre nourriture ni de l'habillement en communion avec nos rêves sans souci du lendemain ; la paix de Dieu en somme.

Nos projets étouffent nos forces dans un espace-temps où l'argent « Time Is Money » rassure si on en a assez. Un revenu minimum de base pour actif une rente pour « non-actif » n'est pas une mauvaise chose, sauf s'il débouche vers l'oisiveté tout proche de la débauche.

Impressions de promenades, délaissant ma femme, une aide assortie, j'entreprends de remonter le long promontoire qui surplombe la mer en parlementant avec mon compagnon de couleur. Il va me donner une image nouvelle, celle de sa vie que j'ai admise comme une idée de circonstance. Ainsi il me prédit que les anges noirs marrons sillonnent le ciel bleu azur sans êtres dérangés, comme nous par des vendeurs de sacs en contrefaçon. PUIS LA NUIT, C'EST AU TOUR DES ANGES BLANCS EN ABSENCE DE LUMIÈRE QUI SE PRÉSENTENT À CEUX QUI LES CHERCHENT DANS LA NUIT NOIRE ÉTOILÉE.

Sa métaphore empreinte de mystère m'annonce d'autres idées, celle de la femme qui fait du shopping avec son homme pour que celui-ci glisse sa carte bleue au bon moment dans la fente de l'appareil, lecteur à peine audible. Le shopping est un acte strictement féminin et l'attente de l'homme une seconde nature. Comme celui de vouloir détourner une loi pour s'enrichir peut-être masculin et se déduit d'un raisonnement individuel qui a peu de chance d'aboutir, sans consensus ; ce n'est pas forcément malhonnête car la démarche n'a rien de caché, elle est opportune, dictée par une faille de la loi que l'imagination entrouvre avec facilité envie et curiosité.

A l'occasion de cette promenade la batterie de mon smartphone est déchargée, j'aurais prodigué avec rigueur mes impressions de société plus librement que si j'avais eu mon appareil en état en poche. La loi du manque nous fait s'exprimer avec abondance il est évident que je devais tolérer que d'autre utilise leur appareil sous mon regard. Je pus encore affirmer qu'une bonne vie est dépendante de sa disponibilité financière. Toute la discussion était basée sur une meilleure répartition des richesses dont l'État dispose. Il a été question de savoir qui a distribué des stocks options à 37 euros l'action pour un cours actuel supérieur à 85 euros. Donner une part gratuite aux plus riches ? La revente par le directeur de Renault des actions dévoile un bénéfice gigantesque qui va aller directement dans les poches de Carlos Ghosn. Blanchiment vertueux ou illicite, pour une retraite chapeau.

Triste exemple des affaires françaises, auxquelles le commun des français ne participe pas, la diversité des produits financiers qui sont disséminés dans une jungle épaisse de spécialités et qui n'ont rien de culinaires et bénéficient d'un blanchiment officiel sans justification et même pas sur l'honneur; ainsi les banques demandent sans justification la raison d'un mouvement de capitaux particulier. La bonne foi dans la vérité est-il l'apanage des gens malhonnêtes ? Non, ils désertent un comportement avec preuve et sont prêts à faire valoir sur l'honneur l'honnêteté de leur transfert, sans le justifier publiquement sur les réseaux sociaux ; un scandale peut éclater en attendant que le justice interfère.

Un premier résumé, tant que je tairai ma faute, le Seigneur pardonnera, c'est l'idée de l'homme qui se croit sans péché. En plus la divulgation de ces abondements exorbitants par les médias laisse l'idée d'un spectacle sauvage sans partage où les pauvres s'en trouvent exclus une fois de plus dans leur passivité inéluctable. Je suis non concerné sauf pour l'achat à un euro de mon journal, je pense et je m'indigne en parlant des scandales à mon entourage, c'est tout un sentiment d'impuissance, en toute justice morale je ne peux que m'incliner sur le fond, la forme de cette action non violente certes est parfois injustement relatée par omission journalistique.

Il existe hors de notre champ visuel proche une sorte de forme d'égalité chez tous les gens noirs, bleus ou jaunes, leur ombre est uniformément obscure et noire, de plus personne ne peut se retourner comme un oiseau pour voir dans son dos, sans miroir ; marchant le matin vers l'est sous le soleil levant l'homme peut se retourner pour apercevoir son ombre, ombre noire sans effets spéciaux sauf occultation du soleil ; avec contours troubles et grisés. Il ne peut voir sa nuque, seulement la sentir à l'ombre de son cou. Le destin de l'homme est bien toujours d'aller en avant, sans détours, peut-être allant vers sa perte, car en chemin une souffrance peut le surprendre. Les oiseaux tournent à 360 degrés leur tête, sans conscience de supériorité et pourtant ils volent ! Quel talent !

Pour preuve comme il doit être difficile de dire merci avec bonne humeur après avoir dépensé un dixième des ses économies ; beaucoup plus facile pour celui qui dépense un millième de ses économies. Si on pouvait connaître en outre la richesse de son cœur, pas la richesse du portefeuille de celui qui vous dit merci, avec un large sourire. Comprenez-vous que l'on ne donne qu'en proportion que ce l'on a, par hasard ou largesse qui tombent du ciel dans le gobelet du mendiant SDF ce qui peut le rendre fou de joie ; car la générosité sont des coups du sort qui font partie d'un mystère du don de soi. Que les grands, comme les riches se promènent en côtoyant la misère d'autrui, il y aura toujours des paparazzi, des journalistes et des trahisons pour nous obséder dans les journaux, le canard enchaîné par exemple. C'est l'une des façades d'une société libre, qui fait râler ou ester en justice les personnages du spectacle ou de la politique ; spectacle pour atteinte à la vie privée ou de leur compte bancaire. Cette publicité gratuite est en synergie avec leur mode de vie.

N'allons pas plaindre Carlos Ghosn comme Serge Lama ou la princesse de Monaco si leurs secrets appartiennent à tout le monde, et sont divulgués. Argent, décès ont fait changer la vie de plus d'un dans la légalité ou dans la désapprobation.

Je me sens plus fougère que chêne dans cette forêt humaine où se distinguent tant de têtes d'affiche. Pourtant la forêt, pas son symbole m'inspire parce qu'elle respire à l'unisson, chaque plante a un rôle écologique à jouer en produisant CO_2 et O_2 le jour ou la nuit pour le bien de tous et la nature.

Les moteurs à compression variable me font doucement sourire par leur complexité. La composition du corps humain me les fait rappeler avec le cœur ces moteurs. Tout comme les avions à hydrogène, révolution futuriste.

Paradoxe, on autorise à partir du premier janvier 2017 les véhicules blindés des VIP des présidents, des stars pour éviter de les voir rouler sous le regard commun des passants, ainsi ils risquent d'attirer d'autant l'attention. Certains véhicules roulent vitres fumées d'origine tant mieux les propriétaires ne risquent pas d'amende. Risquer jusqu'à se confondre avec des VIP par l'apposition de pellicules autocollantes hors normes mais tolérées, descendre place Claudel à Guyancourt près de la statue pour une photographie d'écrivain a cette façon de dévider le surplus d'orgueil de l'Esprit Saint, qui rayonne par transparence grâce à la seule encre indélébile existante : la lumière. Une lumière que les policiers ne peuvent pas toujours apercevoir ; port de la ceinture, conduite avec téléphone portable au volant, donc difficile de verbaliser dans cette opacité. Ce contrôle de vitre opaque est nécessaire dans un pays en état d'urgence où tous les usagers doivent pouvoir être vus, reconnus, inoffensifs ou identifiés.

Au jugé les policiers peuvent appréhender en cas de délit « d'ivresse manifeste » comme pour évoquer une « transparence non raisonnable ». Sans effet de tain, voir sans être vu, exception par les VIP avec chauffeur.

Les mots fléchés sont un passe temps familial préférentiel ; ce serait mentir si je n'avouais pas mon goût pour les mots croisés ou les sudokus. Tous les matins à l'ouverture de la maison de la presse et maintenant ; je suis un abonné qui reçoit dans sa boîte aux lettres le journal même le dimanche. Mon entraînement forcené du matin m'ouvre un large domaine de réflexion, avec une réussite habituelle très proche des 100 pour cent, en toute modestie, je me dis que ce n'est qu'un homme qui a écrit ces énigmes à résoudre auprès de la rédaction du journal. Son acharnement à me faire travailler n'a d'égal que les kilomètres qui nous séparent. Presque jamais il ne me manquera un mot pour terminer en beauté la grille fléchée du jour. Pourtant aujourd'hui, il me manque une lettre celle du centre, l'amarre de mouillage, une voyelle avec an*re. En vacances je n'emporte pas mon dictionnaire illustré de 1972 et je n'ai pas l'envie de m'acharner avec internet, peut-être un marin de port pourrait m'aider… Autant rechercher une pièce d'un centime sur un terrain de football.

Je m'entraîne au sudoku ; aux niveaux facile, moyen, difficile ou expert. Je me surprends à penser que la géométrie ainsi que mon passé de matheux me permettent de résoudre ce *nouveau* challenge avec des chiffres de 1 à 9. Cette invention japonaise récente permet de jongler avec les chiffres et les emplacements libres ; elle ne permet pas comme dans les mots croisés à donner une histoire progressive à des mots dont la signification peut être obscure pour se découvrir peu à peu par l'adjonction de lettres composants de mots trouvés plus aisément. Le sudoku a une logique finie, tout comme les mots croisés ou fléchés et il n'y a qu'une solution finale qui nous conviendra avec bonheur.

Je vais réaliser cet exercice invariablement ou presque selon les difficultés en moins de trente minutes en moyenne. C'est un passe-temps qui me vient de la famille, de mon père que je ne suis pas près d'oublier. Dans l'impossibilité le matin d'acheter mon journal, je ne pourrai pas me consoler de ce manque qu'il représente, si en plus un rhume venait déranger ma mobile habitude alors mon humeur risquerait de se retourner devant mes proches.

Les murs ocres sans toit affirmé, les cloches mélodieuses de l'église proche, les voitures sans assurance verte sur leur pare brise, les palmiers taillés à feuilles pointues légèrement recourbées vers le sol, des tas de pierres rondes volcaniques de couleur grises marrons ou noires, un ciel couvert frisant l'extraordinaire, des maisons parsemées sur le flanc des montagnes, une tiédeur un peu moite, toute une nature contraire à celle du givre et de la neige de la métropole. Il y a peu, des français, ils sont pour la plupart âgés empruntent des bus locaux, la Stiva pour moins de un euro, le prix d'un ticket de métro. Rien n'indique à Ténérife la présence proche d'un des plus grands télescopes du monde sur le mont Teide accessible en téléphérique mais relativement frais.

Chapitre 15   Jamais

Demain comme prévu nous quitterons les chiasmes des oiseaux migrateurs pour rejoindre les miasmes de notre région natale.

En bon fumeur de cigarillo je ne regrette pas mon retour car ici les joueurs de flûte et les membres du festival de Santa Cruz sont de parfaits amateurs de cigares à cause des trous en formation qui parsèment le corps du cigare, trous de mites qui obligent de fermer avec les doigts les obstructions à la combustion, et du « Fumar Mata ». Malgré toutes mes prières je n'ai pu transformer l'eau pétillante en Champagne contrairement à Jésus aux noces de Cana… ries.

Je n'ai pas pu franchir mon record de pas en une journée.

Je n'ai pas pu transformer l'Hôtel RIU avec 95 % d'étrangers venus d'Europe en tour de Babel en son peuple unique parlant le français.

Je n'ai pas pu voir le sommet de la montagne à cause de la brume.

Je n'ai pas jeté de pierres à la femme adultère, il n'y avait pas.

Je n'ai pas mangé de viande le vendredi saint ni de veau gras.

Je n'ai pas déposé de talent ni d'euro dans la terre pour avoir un arbre avec des fruits, j'ai quand même bu un café au prix record de 2 euros 15.

Je n'ai pas trouvé sur mon chemin de SDF ni des femmes musulmanes voilées, vision qui me hante depuis toujours.

Sorte de petit miracle j'ai écrit dans la paix, le calme et la sérénité en absence d'ordres ou des conseils de ma femme, partie en randonnée, dans une espèce de bulle en confinement. Aura-t-elle rencontré Jésus enveloppé de son linceul blanc éclatant ou aperçut un cortège d'anges simplement ?

Je n'ai pas été fidèle aux serments de mon baptême, car à 3 ans je ne me rappelle plus rien, seulement que j'attrapai la fichue maladie, la coqueluche quelques temps après. Comme je n'étais pas confirmé et je ne le serai que dix ans plus tard ; l'avion décolle demain et j'en profite pour prier Notre Père.

Je n'ai pas rencontré de lépreux sur ma route que j'aurais soignés en commanditaire en donnant un euro pour s'acheter des bandelettes neuves, Jésus les aurait guéris, lui. Je n'ai pas rencontré de samaritaine non plus, mais je suis sûr que ma femme de ménage a eu plusieurs maris, seul Jésus aurait pu deviner cela.

Heureusement je n'ai pas vu de dragons de feu dans le ciel des Canaries, la fin du monde n'est pas pour aujourd'hui...

J'ai vu beaucoup de Père Noël qui sont tous d'accord pour affirmer que Jésus par sa résurrection n'a jamais existé, ils disent que c'est une concurrence déloyale malgré la robe trop épaisse pour le pays et trop chaude portée sous le climat tropical.

Je n'ai pas pu savoir et décompter la population mondiale après l'assassinat des nouveaux nés à Nazareth ; il faut dire que le temps « Hérode » la foi, celle du charbonnier comme une autre.

Je n'ai pas mangé de galette ni joué à la pétanque à l'épiphanie, manger et jouer sont des plaisirs hédonistes.

Personne n'a cent ans dans mon entourage ou est enceinte, seul, un vieux cycliste, monsieur Marchand à 105 ans a battu le record du monde dans sa catégorie au vélodrome de saint Quentin en Yvelines.

Il y a là un miracle de longévité en bonne santé, un exemple pour l'humanité, une idole pour les paralysés qui vont à Lourdes, en quête de miracle. Dans ma vie adulte je fus fan du Père Noël, de Stromae, de Jain ou de quelques personnes dévisagées reconnues au détour d'une rue.

Le véritable miracle à nos jours serait qu'il n'y ait plus de SDF ou de femmes voilées sur mon chemin, ma pauvreté approche la misère.

Le mystère de la bible qui dit « celui qui ne travaille pas ne mange pas ». Un enfant meurt de faim toutes les six ou dix secondes sur la terre, ils ne peuvent travailler, nous sommes enfants de Dieu, fait à son image, où est la miséricorde ? Faut-il renier ses croyances et admettre qu'aucun maître ne nous dirige ? Eluder les paraboles pour qu'elles deviennent réelles, un chameau passant par le chas d'une aiguille ou la graine de moutarde qui croît pour devenir forêt. Réécrire une nouvelle sagesse avec le fond des choses actuelles pourrait réorienter le levier de la planche basculante et séduire un nouveau public de croyants, plutôt que de marginaliser et d'exclure. Les migrants sont une denrée rare pour l'église, ils sont aptes à être manipulés par ce qu'ils n'ont rien de rien.

Ose Isis ! Le bien nommé prophète vide la terre ronde, rotondité non reconnue.

La géométrie des cieux est un grand faisceau de cercle avec ses planètes, seules les comètes semblent avoir des formes spécifiques non sphériques ce que la sonde Rosetta a démontrés. Tout le reste ne connaît que des ovalités en image avec pour toute origine le point initial nommé big bang. Le point d'où sont sortis les neutrinos et l'antimatière qui existent encore dans nos laboratoires terrestres. Le monde est en expansion certes mais où va t-il ? Si l'univers est fini allons nous droit au mur, même si le système solaire est loin d'être le plus ancien des systèmes planétaires. Du point initial, qu'y avait-il avant ? De ce point à ultra-haute température ont divergé tous les éléments pour constituer la matière dont nous sommes conçus. Pour aller où ? Rendons grâce à Dieu voyons le cadran d'une montre, les aiguilles représentent le temps et la trajectoire des éléments, leur transformation vers le vivant. Dans une pile les électrons se dirigent vers l'anode et convergent.

Le conducteur de voiture myope sait que pour survivre il doit porter des lunettes de vue divergentes. Correction préconisée par l'opticien qui affirme qu'elles vont changer sa vie. Plus tard pas de presbytie pour les myopes qui atteindront la sagesse sans verre correcteur, ils ne verront pas l'horizon avec netteté. Pourtant ils boiront du vin dans des verres, de la bière. Paradoxe : l'aigle a-t-il besoin de verres correcteurs ? Nenni son instinct et sa vue perçante sans mal lui suffit, pour localiser ses proies. Nos smartphones géolocalisent mais peuvent-ils enregistrer la vitesse d'un piéton qui tourne autour du soleil ? Et Copernic ? Quand on n'est pas d'accord sur des idées, le bon sens traduit, par des mots, que nos rêves divergent. Lorsqu'un groupe admet un consensus on dit que les idées convergent. Pourquoi tant de gens portent des lunettes ? Le myope le devient en quelques semaines par stress ou accident. Mon père était myope, son fils le sera, j'avais tout loisir à l'extérieur pendant mon adolescence ; tare génétique, convenons en. Y a-t-il les gènes récessifs de la myopie que la chirurgie ne peut guérir avec l'âge. Le téléthon est une invention récente alors que nous avons tous des chromosomes sur ADN, le gène de la couleur noire est dit dominant, le gène de la couleur blanche est dit récessif et le père et la mère déterminent ensemble la couleur des yeux, des cheveux ; les deux peuvent transmettre la même couleur. C'est un peu complexe.

2ème partie   En Martinique

Chapitre 1   La Toussaint

C'est la Toussaint, le temps d'Halloween pour les enfants, les vacances en somme ; mais cette année je suis parti en Martinique sans masque, au départ d'Orly un pullover bien chaud sur le torse. Inutile de vous dire mon absence de volonté de braquer une banque sans masque car désarmé. Je ne fais pas figure de terroriste mais plutôt de touriste en mal de dépaysement avec short et maillot. Chaussé de sandales pour mieux appréhender la gravitation terrestre (de haut en bas) dans une contrée où le magma suit un chemin parallèle (de bas en haut) tout ceci est la base apparente d'un équilibre et d'une certaine longévité : la Montagne Pelée depuis l'origine des ères géologiques rythme avec lévitation et graviton.

Il est un fait que les avis d'obsèques quotidiennes présentés sur RCI rythment les matinées alors que tous les matins ou presque un être connu nous a quitté, soit nous l'apprenons soit nous lui rendons hommage par quelques paroles, la surprise d'un décès, d'une connaissance se mélange avec les activités du début de la journée au petit déjeuner. Tout ceci nous permet de remplir notre semainier au rythme de l'Amour de la vie et des morts par des rendez-vous funèbres aux cérémonies dans les églises du bourg.

Tout ceci m'aide à rester le dos le plus droit et le plus plat possible malgré ma cyphose d'adolescent. C'est comme deux parallèles qui ne se rencontrent jamais mais qui s'aident en synergie à maintenir le dos non voûté. Remède tellurique et céleste à la fois. Dit-on tellurique ou tellurien ? Les deux mots existent alors que l'on parle de séisme tellurique.

Sans catastrophe et malgré quatre repas en ce 26 octobre dont deux pris en avion, une soupe le soir et un petit déjeuner le matin : qu'en pense ma diététicienne elle qui n'envisage pas de sauter les repas, malgré le décalage horaire. Six heures pour un quart de circonférence terrestre. Je ne me stresse pas de continuer à perdre du poids progressivement, il s'agit d'être sérieux pour sa santé, un sur poids est néfaste je pèse alors 84 kilos, soit le poids du jour de mon mariage ; il s'agit de ne pas s'encombrer de repas superflu, le sommeil fera l'équilibre. L'appétit et la longueur du jour sont-ils liés ? Pour ma part, arrivé à 15h et couché à 18h j'ai dormi dans les bras de Morphée 12h ce qui est un record alors que mon bracelet connecté ne me donne sentencieusement que 8h de sommeil par nuit. J'allais le mettre au rebut à mon retour, dû à la complexité de la mise à jour des pas effectués avec les heures de décalage ; il faut du repos pour ne pas ressentir le décalage horaire et s'éveiller frais et dispos à l'aurore au point du jour. La première journée ne va paraître ni court ni longue, normale quoi !

Les nuages éternels restent là en témoignage que je ne suis que passant sur cette terre ; leurs formes oblongues sont à la limite communes avec ceux des pays occidentaux, c'est notre trait d'union avec le ciel, notre base de contentement, notre soulagement de n'être pas tout à fait étranger, malgré la distance parcourue, sur cette terre. Réconfort devant ces formes mouvantes soufflées par les alizés. Signature d'un retour prochain, non proche par leur sens de déplacement et leurs directions. Un vecteur sans tempête tropicale ce jour. A l'armée où je suis resté 37 ans, on parlait de dégrader les militaires, traîtres à la nation, ceux qui se radicalisaient à l'Islam ; ici la radio locale parle seulement d'une dégradation du temps à prévoir quand même pour cet après midi. Les mots avant d'être absolus quand on parle d'antéchrist sont relatifs en semblant nous épargner toute peine, en mathématique un ensemble s'inscrit complètement dans un ensemble plus grand. Synonyme d'appartenance. Tout élément dans la partie commune du diagramme de Wenn est contenu dans l'ensemble plus grand qui l'englobe. L'être représente un point, un pixel si petit qu'il n'a pas d'ombre visible, c'est drôle lorsque l'on songe à la lumière artificielle et naturelle qui donnent presque le même effet.

Le nuage est illusion de l'éternité, l'eau reste l'élément fondamental à trouver sur les exoplanètes, au même titre que le méthane. Les nuages plus noirs ou simplement plus gris sont chargés de vapeur d'eau comme les cumulus de beau temps, blanc, crème chantilly.

N'est-ce qu'une image en sublimation, réalité augmentée par nos lunettes correctrices de vue, imagerie qui nous accompagne sue la terrasse, sans que nous ayons à nous déplacer, les nuages le font pour nous. Relativité de l'espace temps pour les deux jumeaux qui ne vieillissent pas aussi vite l'un par rapport à l'autre, embarqué pour l'un dans une fusée et l'autre restant à terre. Temps relatif de celui qui reste sur place sur une terre qui tourne autour de son axe à bonne vitesse d'ailleurs ; celui-ci assis sur une banquette de train et qui semble se déplacer en regardant par sa fenêtre : un autre train semble à l'arrêt, son propre cerveau offre au passager une imposture en inversant le déplacement du train : fluage et illusion de la vue et de l'esprit. De la même manière notre cerveau semble s'être habitué au non déplacement. L'homme reste sur place alors qu'il est soumis aux lois de la gravitation terrestre, il en est habitué, seul un moment de séisme voit un moment de dégradation de l'espace temps, dans l'air qui n'est pas fait seulement d'objets et éléments invisibles (azote, CO_2, O_2, gaz rares), les molécules ou virus restent étrangers à notre vue, sans microscope. Le séisme va pourtant chambouler les objets visibles (murs, casseroles, statues) et les rendre encore plus fragiles, plus humains.

Les nuages par illusion lors d'un séisme ne semblent pas atteints par ces tremblements, ils sont indépendants de la terre. Ces nuages apparaissent sous leurs formes irrégulières, en incohérence géométrique, en les apercevant nous pouvons voir le sens du vent. Ils sont inclassables pour les moins avertis, les plus astucieux les regroupent par type. Ainsi les nuages précurseurs de mauvais temps, les cumulus de beau temps. Les nuages relativisent notre sentiment face à l'éloignement et nous raccrochent à notre pays abandonné. Le nuage est une chose commune que nous ne pouvons négliger, l'ennui, comme les animaux, les nuages ne parlent pas, ce sont nos compagnons, nous qui sommes spectateurs enfermés dans l'atmosphère terrestre. La connaissance n'a pas de limite dans la macrophagie de l'homme qui se heurte à la soudaineté des éléments naturels qui semblaient apprivoisés et calmes en évanouissant notre tranquillité. C'est sous la voûte terrestre que l'homme apprend la petitesse de sa vie, la plénitude étant réservée pour les périodes de beau temps où l'on ne s'imagine plus que la terre est sous nos pieds.

Les gens peuvent tourner autour de moi, je reste zen, je me sens sur terre à l'inverse de sa rotation, la vue de l'astre céleste la moitié de la journée nous fait sans doute penser à la trajectoire d'un électron négatif autour de son noyau positif. Le moins et le plus ne se rencontrent jamais l'électron va si vite !

Rémission amoureuse ou régime salutaire ? Il m'a été conseillé d'oublier le besoin d'alcool qui potentialise l'effet de mes médicaments, de penser que le manque d'absorption de charcuterie est utile dans le but de maigrir, de ne pas ingurgiter du sucre avec les jus de fruits ; maintenant la question se pose sur l'arrêt de la cigarette pour éviter le cancer dont on connaît la cause, qui n'en est qu'une. Le manque créant le besoin exacerbé il nous reste à manger pour bien vivre mais pas vivre pour bien manger, car il ne faut pas vivre pour manger, c'est une évidence. Qu'est ce à dire, selon Molière pour les pauvres, que signifie illusoirement manger pour vivre ? Sortir d'un repas repu en atteignant la satiété c'est une habitude, il ne faut pas trop manger.

La vie nous suggère avec impatience parfois, des besoins liés à nos manques que notre conscience liée à notre appétit peut assimiler à un désordre intérieur, difficile à analyser, n'avons nous pas deux cerveaux, un dans notre crâne, l'autre dans le ventre ? Pendant la réflexion avons-nous faim ? Alors que le monde souffre de la surpopulation ou de la malnutrition sommes nous aussi des citoyens favorisés pour occulter la face miséreuse du monde auquel nous n'appartenons pas, par notre niveau de vie ? Bien évidemment le président est épargné par la faim, lui qui se dit au dessus du peuple, il est celui qui annonce la longue litanie des morts de la veille, avec commisération et le ministre de la santé. Pourquoi n'y a-t-il pas en France métropolitaine un tel service, qui représenterait plus de mille annonces de morts par jour, des avis d'obsèques en nombre. Y a-t-il un besoin de savoir pour un parisien qu'un français est décédé en Lozère ? Par habitude aussi, en psychosociologie sociale orale, il y a la bouche à oreille en face de l'individualisation sans lien de sang ou de sol, seuls les hommes célèbres auront droit à un hommage à leur mort, artiste, homme politique, la radio nationale est un bouclier face à la mort et son annonce, voir et entendre madame Boutin annoncer avec arrogance à l'avance la mort de Jacques Chirac. Ca parle mal à l'opinion publique qui croît que le mensonge se prophétise en vue de la folle ambition à se faire connaître. Reconnaître à l'instar de certain malade terroriste qui n'hésite pas à imposer la violence pour faire publicité de leur idéologie. Si la fin du monde avait lieu au moment de leur exécution y aurait-il la main du Père pour empêcher plus de destructions d'âmes et de corps. La renommée s'inventerait-elle ? Est-elle liée à notre nom facilement ou difficilement mémorisable selon le cas patrimonial ? Y a-t-il un nom qui peut se vendre mieux qu'un autre, certains utilisent des pseudos ? Nous avons appris pour trouver un travail à nous vendre respectueusement ! Il y a ceux qui changent de nom, via le journal officiel, car ils avaient à subir des moqueries, comme cocu. Noms orduriers ou simplement de consonance asociale.

Alors que l'on peut avoir sa vie à l'essai jusqu'au mariage, un divorce est un échec surtout s'il y a un enfant, un homme ne peut en principe jamais changer de nom qui s'écrit en première lettre capitale.

Il peut en qualité d'artiste utiliser un pseudo pour changer un patronyme pas très vendeur. L'informatique permet plus facilement l'acquisition d'un alias ou un pseudo. Par exemple j'avais pensé Tesirap car mon nom est composé alternativement de consonne et de voyelle, ce qui le rend accessible mais dénué de sens capitalistique, au lieu de Pariset. Pour un écrivain en mal de renom pour un communiqué de presse, un pseudo serait utile mais à quoi bon en Martinique se forger un nouveau qui ne signifie rien, ni pour les békés ni pour les trafiquants d'esclaves en restant indifférent à la caste des médias qui dirigent le monde artistique.

Chapitre 2   Le chat

Le chat de ma belle-sœur brun et blanc a un bobo au museau, le vétérinaire suspecte le cancer, il a une tumeur maligne il mérite comme animal de compagnie de bons soins ; il est calme et ne semble pas souffrir, un animal ne parle pas, seul son comportement peut nous renseigner sur son état de santé.

On assure parfois nos animaux, mais rien n'atteste que le véto va diagnostiquer une gravité de santé ; j'avais de prime abord su qu'il s'était battu contre un rat qui l'aurait mordu à la truffe ; n'allons pas par quatre chemins et aller au resto « le chat qui fume » plutôt une balade en perspective chez le véto.

J'ai de la pommade que l'on m'étale largement sur le dos contre les démangeaisons mais au Marin il n'est pas question de m'ausculter ; le chat aussi est soigné avec de la pommade. Quel animal je fais !

Le vétérinaire allait suivre sa pensée en injectant des antibiotiques pour un traitement de quinze jours, le chat prénommé Miel ou Mielle d'un poids de cinq kilos ; nous prenons un autre rendez-vous   pour surveiller la stabilisation de son mal ou son amélioration. Alors se sera ou non la prise de décision certes coûteuse d'une biopsie. Il est prévu l'envoi à Toulouse de l'analyse pour quatre vingt dix euros. Notre docteur n'avait pas le tempérament à dramatiser la situation ; la maîtresse du chat, ma belle-sœur m'avait prêté sa voiture, elle n'était pas présente car elle avait un rendez-vous chez le coiffeur, mon épouse paya quarante euros de consultation avec devoir de soigner son chat avec de l'eau oxygénée. Maintenant nous pouvions repartir avec notre boîte à savon trouée où notre Mielle faisait le dos rond, attitude de repos chez les chats, il aurait préféré s'allonger par terre au soleil, les pattes en avant de tout son long. Pourquoi fait-on des boîtes standards sans personnalisation ?

Nous laissons Mielle et sa pâtée agrémentée de croquettes pour la route qui serpente à travers les mornes ; il y a danger à chaque croisement d'autres automobilistes qui, face au péril de la forêt équatoriale appuient sur le klaxon dans les virages sans visibilité. Les chauffeurs de camion et de bus ne lésinent pas avec ce moyen pour avertir. Un vrai rallye pour atteindre Le Robert puis Sainte Marie. Nous passons par un lieu-dit Dominante et nous virons direction Le Gros Morne. J'ai omis certains détails de notre périple comme notre arrêt à Carrefour Market, nombreuses échoppes dans cette région pour acheter un pack d'eau locale. Champflore ou Didier fera notre affaire au détour de l'usine sucrière du Gallion.

Maintenant nous arrivons par une sente bitumée jusqu'à la demeure de Tante Vévé qui nous attendait. Notre guide conductrice rivalisa de prouesse et nous la complimentions. Nous nous approchions du lieu des braqueurs qui dévalisent les automobilistes malgré les barrages de la police alertée. A la lecture du journal local ces hommes avaient menacé avec un fusil pour détrousser leur victime, souvent seule dans leur voiture. Les barrages de polices ne suffisent pas, il a fallu que la voiture des assaillants soit victime d'un accident pour que le repérage porte ses fruits.

Les anecdotes ne manquent pas, tout au long de notre séjour, des lieux mal famés sont coutumiers de faits divers.

Ici et maintenant chez tante Vévé c'est un havre de paix qui, la nuit tombée vers dix huit heures inéluctablement commence un orchestre de litanie de criquets. Leurs sons stridents vont nous accompagner toute la soirée et une bonne partie de la nuit.

Le son philarmonique en tétraphonie emplit tout l'environnement, leur présence rassure surtout après l'averse de l'après-midi. Le calme olympien ne se mélange guère avec d'autres sons, les criquets restent invisibles, petites bestioles, en se confondant avec la nature luxuriante dense et touffue du jardin d'Eden de tante Vévé. Après une collation d'eau pétillante, un repas fut servi. Une soupe de légumes avec des morceaux de viande bouillie nous réconforte du voyage serpentueux de l'après- midi, une quiche lorraine, eh oui, avec du jambon terminera le repas du soir ; j'allais en reprendre une petite part pour faire honneur à la cuisinière. La veillée se poursuivra au rythme des piaillements d'oiseaux des criquets sans presque aucune interruption. Je m'approchais de la télévision pour essayer de savoir les numéros de l'Euromilllion tirés au hasard, mais comment, dans la métropole, mais la situation enchanteresse sans camouflage ni casque l'emportait devant l'incertitude du tirage.

Je remarquais pendant ce temps l'absence de réseau, je ne pus interroger google sur ce sujet, ce qui me rassura ce fut l'invisibilité des criquets, encore eux, des ondes 3G et le mutisme des coqs dans le poulailler. Ici il n'est pas question de minaret, de femmes voilées, mais de volailles à crête rouge qui ne s'empêchaient pourtant pas de chanter toutes les cinq heures à l'unisson avec la nature et la durée presque constante du jour. Mon épouse très affairée autour de sa tante qu'elle n'avait pas revue depuis plus de trois ans ne discernait pas le son que sa tante s'empressait de définir, il s'agissait bien de criquets, pas des grenouilles. Un détecteur de présence dans la salle à manger laissait perler un chant d'oiseau que rien ne laissait interrompre. Il était plus facile d'entendre ces chants d'amour dans cet environnement que d'interpréter le créole martiniquais ; j'aurais aimé faire des mots croisés en Créole pour apprendre quelques brins de ce vocabulaire…

Le temps s'écoulait lentement au rythme de l'écoulement d'un lavabo au débit paresseux. Un imposant ventilateur montait la garde à l'entrée de la chambre, un petit moustique vint titiller mon oreille en m'importunant. Les volets tamisés et filtrants font régresser le son des criquets. Au lever du jour les coqs chantaient dès cinq heures, la sérénade des criquets s'était tue alors que je dormais du sommeil du juste ; de gros nuages blancs contrastés et bourgeonnants annoncent des ondées tropicales, l'absence de vent, les alizés, et les vingt cinq degrés du matin apportent une douce harmonie sous le calme musical des tropiques. Tante Vévé entame en guise de gymnastique la danse Calypso Queen, tant appréciée en métropole après le journal télévisé.

Le design de la maisonnée est composé d'objets hétéroclites représentant des animaux, une lampe grenouille, un coq en statue, un chien de garde qui n'aboie pas et ne mord pas. Malgré le désastre Haïti, Martinique Première reprit sa musique, Mathews après le tremblement de terre qui a ravagé le pays et comme par magie seule la musique enregistrée survit, hors live. Rousseau avait encensé la Nature et la solitude ceci fait une bonne consolation à son veuvage. Rien ne nous dit qu'on la reverra dans quatre ans en forme comme aujourd'hui. L'annonce de son décès fut une mauvaise nouvelle.

En plus des avis d'obsèques les résultats des matches de football font l'actualité, une actualité supprimée en métropole par l'abandon regretté de FRANCE O en 2020 en pleine crise du covid-19.

Absence ou presque de nouvelles de la métropole et de la côte d'amour de HOLLANDE, tant mieux, le dépaysement à la mode martiniquaise et créole se poursuit. L'eau de Didier, riche en magnésium m'aide à m'acclimater aux horaires décalés, mon réveil est bien organisé et une bonne tasse de café chaud accompagne ma petite faim du matin sans alcool ni tee punch. Je continue mon régime sans grande difficulté en mangeant ce que l'on m'offre tout en faisant honneur à notre hôte. Nous allons au restaurant ce midi, il faut faire chauffer la carte bleue, sûr ! Ca va coûter mais si ça fait plaisir à tout le monde…

Maintenant c'est la séance de coiffure, « Mon Dieu grand ! » dit tante Vévé en pensant à l'harmonie du moment agencée avec maestria par ses nièces. Mon épouse est experte pour faire des tresses et sa tante est aux anges.

Une visite chez une voisine allait m'enclencher un bon mal de dos, la route très inclinée est difficile, nous côtoyons orangers et caféiers, ce qui a eu le mérite de déclencher une sudation importante que je tentai d'oublier par une collation d'eau pétillante très rafraîchissante. De retour chez tante Vévé la sérénité est revenue , la pente est ardue elle sera en retard sur nous. Le jardin martiniquais recèle d'arbres vigoureux où poussent pommes cannelles, fruits de Cythère, orangers, citronniers. La Nature nous offre sa plus belle qualité : la patience, la croissance n'est guère visible, tout au plus quelques dizaines de centimètres par an, nos politiciens devraient s'en imprégner et s'en modéliser.

La nuit tombe rapidement sous les tropiques, le concert de sérénade commence dès le soleil couché. Les lampadaires s'entourent vite de moustiques au vol saccadé, attirés par la lumière artificielle. C'est un nouveau monde qui tranche avec la chaleur torride de la journée. On aime revenir à la maison avant la tombée de la nuit, il n'y a pas de sacrilège à cela car c'est une habitude de vie en toute lumière naturelle sans trop de risque d'être braqué ni menacé.

Des chants joyeux résonnent à proximité, un mariage ? Nous sommes samedi, c'est possible.

Aujourd'hui tante Vévé a dansé à l'aube de ses 89 ans, elle n'a pas dénoncé la qualité du restaurant « Le coup de pouce » au menu crevettes ou quenelle d'avocat hareng saur suivi par un plat de dorade aux petits légumes et d'un trio de fruits en mousse et en salade. Cet après midi ce sera bientôt l'heure de la sieste après une séance photo menée avec virtuosité. Je remarquai avec exactitude que partout où je passais les interrupteurs, initialement blancs de la blancheur d'usine, devenaient au fil du temps noircis et salis. Leur action répétée surtout la nuit et leur insalubrité apparente mais réelle n'étaient pas un atout d'hygiène. Fallait-il maintenant se laver les mains à chaque action sur cet interrupteur pour éviter telle ou telle contagion bactérienne ? Point de détail me direz-vous mais la santé n'a pas de prix, le nombre d'engins à nettoyer à hauteur d'homme n'est pas infini, il suffirait un peu d'huile de coude supplémentaire.

La soirée criquet se mêle avec une série de miaulements, des petits chatons libérés à proximité de la propriété réclament couvert et gîte, ils sont accueillis à grands coups de balai au sol pour les faire fuir. Peu après ils reviennent avec hardiesse en émettant des petits cris plaintifs qui pourraient déclencher quelque pitié si le chat attitré de la maison, malade n'occupait pas notre raison. La pluie de la nuit n'allait pas les chasser, ni les cuvettes d'eau destinées à les éloigner sous prétexte que le chat n'aime pas l'eau froide. Nous avions espéré une action de la SPA, pour quel coût du déplacement ? Faudra-t-il les attraper ou la Société protectrice des animaux s'en chargerait. Les pages jaunes nous sont toujours utiles, nous tombons sur une publicité pour spa et piscines, drôle. Le feuilleton se poursuit sur google et là l'information tombe : la SPA est à Sainte Luce, quartier Céron, le numéro de téléphone sera utilisé si nous décidons de faire appel à son service.

C'est dimanche, la messe dominicale à 8h nous contraint à nous lever à 6h, le temps d'un petit déjeuner.

Il fait chaud dans nos godasses, aussi les espadrilles sont les bienvenues, dans la clarté d'un ciel nouveau, le Seigneur viendra sur terre pour juger l'humanité blanc et noir comme les plumes de pie ; tous ceux qui auront cru à son Amour il les rassemblera, plus de haine, plus de guerre, de larmes et d'effroi. Seule la lumière subsistera, ici ou là avec ou sans espadrille pour ceux qui honorent le Seigneur.

Ce ne sont pas ceux adeptes du talent d'orateur qu'ils soient bilingues, pour une meilleure idée, leur courte vue du haut d'un sycomore, le ridicule de la petitesse mélangée avec une certaine humilité en face de l'argent ; c'est confié au Seigneur cette homélie, la prière parlant à chacun qui doit payer son impôt en avouant un Amour si fort que chacun retrouve foi et l'espoir en l'écoutant. Le Seigneur nous guide jour et nuit pour que comme une étoile fixe à l'horizon nous pensions aller payer notre charge fiscale sans bruit ni tapage. En nous appauvrissant certes mais en nous renchérissant par le partage. Avec le prélèvement à la source le temps sera en corrélation avec les sommes dues à payer sans esprit de rattrapage après dix mois de prélèvement, en théorie. Tout cela sera calculé en temps réel et toutes les horloges seront à l'heure, même celles qui, victimes des horaires d'été et d'hiver vont être décalées, en cause une absence ou un temps de vacance outre-mer. En avançant d'une heure à la Toussaint en métropole nos réveils les horlogers bijoutiers ont une pléthore de pendules à mettre à l'heure.

Nos petits chats qui miaulent restent empêtrés dans le fourré, il n'est pas question de les naturaliser en DOM, à l'heure où le taxidermiste a une intervention si onéreuse, c'est du ressort de la SPA ! Non aux loueurs de voitures !

Le Père Saint Honoré, curé de la paroisse de Rivière Pilote va donc parler de Jachée, en termes de percepteur ou de publicain ; on peut reprocher quelque chose aux Evangiles devant la réplique annuelle de ce texte : l'abstraction de la vie de famille de Jachée ; a-t-il eu des enfants ou était-il un riche avare qui hésiterait à rembourser une part des impôts ? Aurait-il au temps de Jésus un fils auquel je pourrai m'identifier ? Et ainsi sans soupçon virtuel ne pas me culpabiliser d'avoir une maîtresse. Pas celle de l'école mais une de la vie. Pourquoi vouloir lapider Jachée en haut de son arbre, lui si petit et auquel on attache autant de défauts, de la mesquinerie, tant de complexes résumés en une seule personne en face d'un Jésus au blanc immaculé et à la barbe proéminente, le prophète parfait faiseur de miracles. Jésus avait décidé Jachée à donner une partie de ses biens. Jésus vainquant le tabou de l'argent de l'égoïsme de la capitalisation des richesses. Il fallut penser à se faire une place au ciel, car à la mort il n'y a pas d'alternative, on laisse sa richesse sur la Terre avant d'aborder le dernier virage et s'asseoir sur de nouveaux rivages, en bon contemplateur du divin.

L'Evangile est un témoignage d'un Jésus vivant, il l'a été aussi pour les pêcheurs et les mécréants aptes à la repentance. Tout ceci peut sembler éloigné dans le temps soit deux millénaires, parce que la foi a fait construire des églises et des cathédrales et inspiré tant d'artistes créateurs dont les plus lumineux ont représenté des vitraux, précurseurs d'un diaporama sans apport d'énergie lumineuse que celle naturelle.

Les vitraux de Saint Victor à Guyancourt montrent avec merveille la transfiguration, les messes ont lieu le matin où le soleil se lève à l'est, ce qui montre la splendeur des lieux sous les rais de lumière de l'astre du jour.

Question sans réponse sur la descendance de Jachée, chef de publicains. Nous ferons avec, sans nous attarder sur ce manque de connaissance, ce qui engendrait celui de reconnaissance directe à la sortie de la messe. Fils de Noé et fils de percepteur auraient pu entamer une conversation enrichissante avec Javeh, l'imprononçable HWHK, comme témoin. En ce qui concerne encore la mendicité de quelques pièces d'argent de la part d'un autochtone que je croisai dans les rues de Rivière Pilote je fis preuve, moi héritier de percepteur d'un peu de charité juste pour que ce mendiant puisse s'acheter une boîte de conserve de sardines, à croire que méconnaître le prix d'un pain au chocolat peut décontenancer tout homme politique : Comme Cope qui n'entrera pas dans la légende des consommateurs éclairés ; en réalité sur le chemin de l'église il aurait été malvenu de ne pas montrer un exemple de charité, certes calculée, m'appauvrissant quelque peu sans doute sans que je tombe dans le besoin mais m'enrichissant humainement car le quémandeur me remercia par deux fois après avoir donné de ma bourse en pensant à la quête de le messe. Je pensai en rappel aux nombreux SDF croisés sur les trottoirs de Paris.

Maintenant l'heure du repas dominical a sonné, dans un élan bien hospitalier des voisins connus en métropole allaient nous offrir une débauche de talents culinaires avec ignames, haricots rouges, bananes cuites à la vapeur, avocats, avec justement un peu de viande, j'aurais préféré du poisson, que voulez-vous ? La boisson se cantonna sur ma demande à du Didier prolongé par un verre de jus de prune de Cythère fraîche du matin. Ma vie sans alcool se poursuivait facilement en absence de tentation, nos hôtes délaissaient eux aussi l'alcool ce qui facilitait mon envie, il était bien présent dans leur bar de fête. C'était sans savoir que la glace au manioc allait nous être servie en fin de repas. J'en repris une bonne fois tellement sa découverte fut bonne, peu de chance de trouver pareil mets en métropole. Je n'en avais jamais goûté, ce fut un dessert extraordinaire pour moi.

Les miaulements chez nos voisins avaient repris de plus belle. Attiré par notre présence le chaton franchissait tous les obstacles, herbes hautes, grillage à trou et se décida à se présenter sous les voitures parquées en bas de la villa.

Alors armés de smartphone appareil photographique nous attendions le moment où l'hôte prit un morceau de jambon et l'offrit en pâture, sans résultat ; une tasse de lait fut présentée sans plus de succès ; peut-être que le lait de vache convenait moins bien que le lait maternel. Il y avait plein de pitié dans l'air mais tout semblait dégoûter le chaton, un lait trop froid. Il prit la garde près de la tasse sans laper, approche favorisant la photo du chef, souvenir de cette bonne journée.

Nous avions pensé nous promener aux trois îlets, mais pas sans but, un car sticker devant s'acheter pour quelques euros. A proximité une longue file de voitures à l'arrêt. Il y avait eu un accident plus haut, sur la route, les gendarmes réglaient la circulation ; dans le talus deux voitures carbonisées. On se renseigne par téléphone il n'y avait pas eu de morts dans la fournaise, seulement deux blessés.

La difficulté était de faire cinq mètres derrière une camionnette vide qui nous envoyait à chaque démarrage une volute de gaz noirs, en liaison avec de l'huile brûlée par combustion ; comme nous avions les vitres baissées à cause de la chaleur ambiante plus la chaleur du moteur, nous inhalions après moultes soupirs le cadeau empoisonné de la camionnette. Mais que faire d'autre que de suivre le flux ininterrompu des véhicules qui nous précédaient ?

Arrivés aux trois ilets il venait de pleuvoir et les caniveaux étaient remplis d'eau saumâtre, une foule de jeunesse et de blancs nous croisait sur les trottoirs étroits. Chevauchant les caniveaux gorgés d'eau nous avancions péniblement et sans surprise jusqu'à une boutique tropicale ouverte malgré le dimanche, jour où les gens normalement se reposent, pour demander le but de notre visite, achat d'un sticker à apposer sur le pare-brise de ma Cactus. Dans cette échoppe je vis un jeu de tarot martiniquais, ce qui me réjouit ; non par sa nouveauté mais parce qu'il existe des joueurs de tarot pour 8 euros 90.

Le retour se passa bien dans la nuit qui s'abat comme un rideau de théâtre. Mais au théâtre la couleur verte est abandonnée par superstition sans doute, depuis Molière lire Jean Baptiste Poquelin mais ici la chlorophylle est omniprésente, la forêt est verte un point c'est tout, elle est quasi impénétrable même pour un chaton fûté. Les routes bordées comme sous un soleil vert par de grands arbres couverts de lianes sont parfois submergées par des ondées au gré des averses tropicales qui ne sont pas rares en cette saison.

Se ressourcer, faire un retour dans la nature, sont des phrases à la mode auxquelles on pourrait rajouter par exemple se « décapitaliser », terme créé pour la circonstance, face aux moyens de commercialisation tout azimut, avec reprises ou réductions. Retour à la nature des êtres et des choses ; il faut savoir prendre de la distance, comme le disait et prédisait mon père, pour mieux « entendre » les faits et les comprendre sans qu'ils nous submergent.

Je suis né sans le faire exprès dans un pays dit tempéré, un jour de printemps, jour de giboulée, j'eus du mal à venir étant le premier né, deux sœurettes suivront, j'eus des difficultés tant le col de l'utérus, pas celui de l'Iseran, fut difficile à passer. J'en eus le crâne allongé et aux dires des sage- femmes en « pain de sucre ». Aujourd'hui 64 ans plus tard, j'en ai 68 lorsque j'écris, la visite à Sainte Marie, priez pour nous pauvres pécheurs, nous surprit : au détour du rivage un panneau indiquant « pain de sucre », je n'en avais jamais rencontré de ma courte vie, ici. De Rio nullement, Orphée nous laisse son testament : « Carpe diem ». A ma mort je vous donnerai tout ce que je possède avec l'action d'un notaire, c'est plus pratique, ; bien sûr l'État ce n'est pas moi ni à Mac Mahon mais il va en prendre une partie, impersonnellement par le Trésor Public et son mot de passe imaginé : Alibaba ou Sésame, je ne m'en souviens pas.

Je ne m'appesantirai pas sur mon crâne ni sur mon cerveau qui récite des prières en secret après avoir repris forme. Qui après cette séance à la maternité pourra affirmer que je suis normal, que Dieu a voulu que je vive tout en étant souple et malléable. Qui se souciera du secret de ma naissance si ce n'est moi 68 ans plus tard, de la coqueluche qui aurait pu m'envoyer aux nimbes sans un baptême blanc. Dieu merci aujourd'hui je fume, à tort, quelques cigarillos qui activent par la nicotine mes neurones, lorsque je me promène dehors. Je suis né par accident de la nature, ce fut ma première prise de tête. Mon humeur est ce qu'elle est, c'est ma personnalité et j'écris comme une vague déferlante d'un tsunami imprévu.

Pendant que ma femme et ma belle sœur s'affairent à préparer un bon petit plat local, elles échangent en créole.

- Counia manman-w : le cul de ta mère

- Bèl chivé : tu as de beaux cheveux
- Mwen aimé rou : je t'aime
- Ka ou fè : Comment vas tu ?
- Kilajou : Ca va ?
- Tieberaid pa molli : Bon courage !

Le créole dans l'oralité se présente bien, j'en suis un auditeur respectueux. Le chaton n'a pas réapparu depuis son escapade chez les voisins.

Mon activité neuronale sous forme électrique ne m'accorde pas l'intelligence ni l'innéité que des dialectes d'esclaves sous Pidgin pourraient élaborer. Je dois m'astreindre à quelques expressions créoles pour dialoguer en monolinguiste, c'est un peu frustrant, heureusement j'ai l'écriture...

- pani problem pas de problème
- Méssyé zé dam : messieurs et mesdames
- Mwen pani logan : Je n'ai pas un sou
- Mwen las : Je suis fatigué
- Ki moun ki là ? : Qui est là ?
- Doudou : Chérie
- Bonswa : Bonsoir
- Annou allé : on y va
- Ou ka comprendre : tu comprends
- Sa ka maché : Ca va
- Ba mwen an tibo : Donne-moi un baiser
- Pou di an noun bonjou : Pour saluer quelqu'un
- Tiembe raid pa moli : Tiens bon
-Ki laj ou ? : Quel âge as-tu ?
- Tanzantan : De temps en temps

Ni lontan di sa, depi an tan jezikri tè gad
Champet Marigo : il y a bien longtemps, depuis l'époque où Jésus Christ était garde champêtre au Marigot
- Fout ou ganmé, mofin ; Comme tu es élégante ma fille

- Mi an goto pou zot pé la : Voici un gâteau pour que vous vous taisiez
- Jik jou gla'y ké sonnen Jusqu'au jour où sonnera le glas

Baragouiner le créole est interprété comme du mépris.

Just a trip

Après ces quelques phrases pour l'ambiance ma belle-sœur Suzie et ma femme nous nous dirigions vers Fort de France. Je ne compte plus les virages qui m'apportent un flux dérisoire sur mon plexus ; force giratoire comprise. L'arrivée se fait par une côte estimée à 20 % c'est à dire qu'il faut des freins extras. Là un autre épisode de coiffure à tresse, qui dura une bonne heure le temps de faire des mots croisés de France Antilles magazine. Un flyer de présentation du livre de mon père fut heureusement calé sous un pot de poubelle de service sur la table.

Tout était en ordre, juste avant de partir nous faisions une récolte de vrais piments rouges dans le jardin où un chien montait la garde.

Rien d'autre à signaler, le retour se réalisa comme d'habitude dans les encombrements bien que ma belle-sœur soit passée maîtresse à les éviter pour rejoindre Rivière Pilote via Saint-Esprit.

La nuit tombée à 18H, les bèt a fé foisonnent avec les cabritbois qui sont de grosses sauterelles, une douche bien fraîche pour entamer la soirée. Pourtant nous allions subir une panne de courant pendant cinq minutes de nuit presque noire, panne qui semblait locale. Ce n'était pas la première fois que cela se produisait aux dires. Des lucioles brillaient par intervalles au dessus des frondaisons, c'était un véritable feu d'artifice, presque invisible sans la panne car noyées dans les lumières ambiantes. Une veille de la Toussaint sans fleur ni flamme. Une courte veillée commença à la lueur des lampes à pile, c'était un retour en arrière à la vie sans électricité, sans eau courante, sans voitures, les veillées entre esclaves faisaient légion avant 1848, année de l'abolition de l'esclavage par Schoelcher.

Une vision du monde martiniquais en dérive avec la Cour Royale qui prêchait le développement économique, à ce moment le courant revint et la réalité télévisuelle reprit ses droits, les essaims de lucioles redevenaient invisibles, les lampes d'appoint furent éteintes dans un ouf de soulagement. Lors de la fête des morts, les riches se regroupent.

Episode terminé, douche, puis douce nuit avec dix minutes de climatisation, point trop en fait car elle irritait la gorge.

La Toussaint est la fête de tous les saints, je ne suis pas mort, je sens mon corps avec plénitude, je suis en bonne santé, mise à part quelques moustiques piqueurs récalcitrants et vindicatifs. Après la douche acte 3 de la société Thémaform à laquelle nous avons commandé deux oreillers à 343 euros ce qui représente une petite fortune ; un coup de téléphone non abouti, je rappelle et là s'engage la même discussion que précédemment. On se serait imaginé, c'est à dire, à la première scène de théâtre « couples », nom, prénom, n° de téléphone, nous allons vous mettre en relation avec le service concerné : un conseiller qui travaille un premier novembre ce n'est pas commun. Anecdote aux allants commerciaux non formatée ; la livraison est prévue après notre retour, d'ici là je pourrai dormir sur mes deux oreillers.

Au cours de mes six premières visites en Martinique je n'étais pas entraîné à voir des cimetières, la période de la Toussaint se prête à la visite des tombes pour les fleurir et se recueillir. Cette année, tôt le matin, du premier novembre nous allons au Saint-Esprit, ville à proximité de Rivière Pilote, une messe y est donnée à huit heures au moment le moins chaud de la journée. Orné d'un petit foulard de couleur nous saluons l'entrée du Père, jeune avec des lunettes de métal, la messe allait durer deux heures et j'étais le seul blanc de l'assemblée. Une chaleur étouffante régnait dans la nef et le prêtre aspergea la communauté d'eau bénite sans oublier personne à l'aide d'un petit balai de peintre. Son homélie classique nous enjoignait à nous éloigner du mal, il lut les béatitudes ; ainsi les affligés, il y en a toujours, seront consolés, comme ceux qui pleurent.

Dans l'assemblée et parmi la chorale beaucoup de femmes, assez âgées pour la plupart. Jeannette nous avait accompagné en voiture à mi chemin, elle nous offrit un pain au chocolat de sa composition, nous allions le goûter au retour. La fin de la messe se déroula avec la présentation du Saint Sacrement, vague miroir où aucune image ne se forme entouré de flèches de bords métalliques, d'un pied pour socle sûrement en or. Sur un air de Salve Regina en latin l'assemblée se dispersa.

Il y eut bien une ou deux incursions sur des marchés de fruits et légumes le temps d'acheter de la cannelle en écorce et un avocat bien mûr pour le repas de midi.

Malgré les reproches réitérés sur ma fumaison de cigarillos, sur mes écrits, par mon épouse, je connus une après-midi tranquille, seul à jouer au Candy Crush Saga et à surveiller les nuages qui s'amoncelaient. L'orage finit par éclater, avec lui de grosses averses retentissantes sur le toit de la maisonnée. Il était deux heures du matin au summum de l'averse, j'aperçus par la lampe de chevet que le jour du mois nouveau n'était pas enregistré, le décalage de l'aller avait déboussolé le cadran de ma montre qui affichait le chiffre 4 sans équivoque, au lieu du deux Novembre.

La Martinique en plus ne passe pas en heure d'hiver, il y avait un décalage de cinq heures plus une avec la métropole. C'en était trop pour mon horloge à l'avant bras. Le jour avait dépassé la Toussaint comme un sauvage, un nègre marron sans contrôle. A quand l'abolition de l'heure d'hiver(et d'été) pensais-je ? Je pensais dormir au calme, que nenni, les averses se déferlent de plus belle. J'attendrai demain pour mettre ma montre à la bonne date. En fait plus de 1500 tours de remontoir à molette pour amener à la date du 3 novembre… En attente du retour prévu le 3 au matin vers la métropole, ridicule situation heureusement tempérée par l'exactitude de l'horloge accrochée dans le salon de ma belle-sœur.

Napoléon a gagné à Iéna je crois que les mots croisés font mention de cette bataille illustre, au moins un jour sur deux sur le France-Antilles.

Les 1500 tours de midi révisèrent ma montre sur une bonne indication optimiste. Le retour allait durer montre en main 13 heures comme l'aller d'ailleurs y compris le décalage horaire. Comme j'aime écrire je vais rajouter que je préfère passer un jean plutôt qu'un fuseau (horaire). Ce serait un peu culotté de voyager en slip ou en string parce qu'il faut passer la douane et enlever sa ceinture. Les quelques mètres sous le radar de détection se feront sans bouée de sauvetage, j'avais perdu 10 kilos et mon pantalon n'en menait plus large avec quelques centimètres de tour de taille en moins.

Le pantalon risquait à tout moment de tomber sur mes chaussures ; drôle de situation, je me retrouvais nu-pied car le radar détecta de mes chaussures quelque métal Donc Out Shoes !

He hop ! nous voici dans notre avion très rapidement car nous avions réservé en ligne le matin pour ne pas avoir la longue file d'enregistrement à subir. Bien installés et en place nous mettons notre téléphone en mode avion. Dans les avions le téléphone n'est pas le bienvenu. Assis siège 25E et F. Au siège D s'installe une jeune fille martiniquaise de 20 ans guillerette, je lui avance un prénom, c'était aujourd'hui sa fête et son anniversaire. Vous vous prénommez Adèle et nous allons manger de la mortadelle car hier 2 novembre fête des défunts.

En fait au menu des pâtes Orzo aux petits légumes et une brandade de morue qui nous fit sauter en l'air tellement qu'elle était bonne. Il était inutile de la poivrer et de la saler, nous volions à 12000 kms d'altitude inutile de surélever ou de relever un plat déjà excellent dans tous les esprits.

Chapitre 3   Retour

A l'arrivée notre conducteur de taxi, nommé Benjamin, nous attendait à la porte C. Après les quelques embouteillages habituels nous arrivions à destination, il ne faisait pas plus que 4 degrés mais nous avions emmagasiné beaucoup de chaleur en nous. Notre chauffeur de taxi nous apprit qu'il allait vendre sa licence, nous n'aurons plus l'occasion de faire appel à ses services. Fin aussi des petits cadeaux en nature, avocat, bouteille de rhum, tant pis son successeur fera l'affaire pour notre prochain voyage aux Canaries le mois prochain.

Notre retour se déroula bien jusqu'au lendemain, à ce moment les premières chutes de neige se produisaient sur le plateau de langres. La pluie torrentielle ne cessa pas, les feuilles d'arbres caducs chutent en virevoltant aidées dans leur progression par un vent du diable.

Il n'y a pas de tableau impressionniste à prévoir sur notre ancien continent, je ramène une belle photo du port des Trois Ilets avec nuages majestueux, je pense à faire mon premier chef d'œuvre de l'année. Aujourd'hui 9 novembre la bourse chute de 3 % ce matin avec l'élection de Trump aux USA, il promet de stopper l'immigration des musulmans, de renoncer à l'accord de Paris sur le climat, des sujets approuvés par Marine Le Pen qui si elle est élue présidente l'année prochaine seront son principal cheval de bataille, mais elle ne se le sera pas.

Pris d'une solide envie d'uriner, retenu par un périnée en bonne forme j'entrepris d'aller au supermarché pour acheter du gingembre, du citron, de la limonade sans sucre et réaliser mon breuvage que tout le monde aime bien. Pour cette fois l'escalator descendant n'est pas en panne. Sans hâte et bien debout sur la première marche, j'entonne en moi une douce romance avant de m'apercevoir qu'en bas 3 femmes voilées et endimanchées de noir comme des Belphégors démoniaques avaient atteint la dernière marche de l'escalator. Elles se mettaient à palabrer entre elles lorsqu'une quatrième non voilée, celle-là, dont le visage ressemblait à une boule de pain de campagne un peu trop cuite se regroupaient avec nos burkinabées. J'entendais le palabre et je stoppais ma sérénade intérieure du moment. La fin de l'escalator me rapprochait du groupe qu'allais-je faire ou dire ? Ces quatre personnes en bas m'empêchaient de passer. La dernière marche atteinte je fus pris d'une impulsion toute chrétienne et m'exclama : « Pouvez vous vous pousser ? Visiblement courroucées par mon propos une me répondit : « Et alors ? Le petit trou de souris laissé libre par les intruses intrigantes du moment, je ne demandai plus mon reste et pensai subitement à « Shim » notre métisse qui était encore au hit parade avec sa chanson « Et alors » Rappelez-vous de cette histoire pour que jamais votre chemin ne soit entravé par des femmes louches à allures de comploteuses et qui n'honorent qu'un seul prophète, celui dont la caricature fait sourire. Leur seule vue me répugne parce qu'elles ne s'attifent pas comme les autres, on ne voit pas leur chevelure ni leur genou alors que bon nombre de fillettes de notre cru déchirent leur jean au genou et arborent un piercing.

Passe encore les filles coquettes ou pas, leur look laisse à deviner une misère consensuelle sans espoir qu'elles nous tendent la main comme le ferait un SDF en déclenchant en nous un sentiment de pitié.

Depuis le mariage pour tous il m'est arrivé d'entendre parce que j'ai deux oreilles, deux amis supposés çà priori très copains se traiter d'enculés. Dans un sens c'est bien une injure doublement exprimée entre deux gars. Si c'étaient deux filles ce ne serait pas la même histoire, que pourraient-elles se dire amicalement dans un même mouvement, enculée, putain, nouveau symbole de parité entre homosexuels.

Face à cet état légal la cruauté créole passe par une sorte de « mégérie» (de Mégère et Egérie) en rapport avec la facilité du blanc à écrire.

La vie terrestre d'un retraité se formalise par des frais inhérents à son activité ou sa passivité. Ainsi les banques proposent des virements gratuits de banque à banque. N'ayant que peu de mouvement financier à la caisse d'Epargne on me taxe de frais de tenue de compte que j'aime à contester par principe et souci d'économie. Ainsi en absence de conseiller disponible j'improvise un rendez-vous dans une semaine comme si je prenais note d'une date avec mon docteur. « Cessez de barrir, vous vous trompez !» dis-je d'une voix lasse et ironique. A découvert ? Moi jamais, comme Trump j'ai plus d'une tour dans mon sac de magicien. Plus d'un tour dans mon sac, comme l'handicapé sur sa chaise roulante qui promène son chien sans la laisse, un pitbull de première ; c'est au détour de la rue que nos regards surpris se sont rencontrés. Il y a dans mon esprit, ou si voulez dans ma conscience ou pour les ecclésiastiques l'esprit saint un phénomène que je n'arrive pas à analyser. J'aurais besoin sans doute de l'aide d'un psi ou d'un Père lorsqu'après avoir longuement conversé avec mon prochain, je me surprends bien involontairement à me remémorer de certaines phrases clés proférées, tout en marchant je perçois en écho certains moments passés très proches sans pouvoir les contrôler.

Une parole projetée dans ma solitude de marcheur connecté est surmontée par ma pensée en écho. Echo d'autosatisfaction décalé avec l'environnement qui cache la pensée du futur proche qu'un désir soudain fait resurgir. A quoi pense un randonneur moyen ?

La marche, automatisme de tous les membres est le seul bon catalyseur de notre bonne santé de l'âme et du corps.

Fredo n'a qu'un désir celui d'adopter un chien, sa compagne n'y est pas favorable et menace, de ce fait, de se séparer de lui. Chose faite il va directement à la SPA et y ramène un gentil toutou de trois mois. Sa femme lui dit « c'est lui ou c'est moi ! » elle partit chez sa meilleure amie célibataire qui l'hébergea. Contrit de cette séparation notre homme va envoyer SMS et coups de téléphone, faisant preuve d'un harcèlement certain. La femme déposa plainte pour cette raison alors que lui ne voulait que reprendre la vie commune en lui demandant une entrevue d'une demie heure. Devant le refus de sa compagne, Fredo l'amoureux délaissé lui place des fleurs sur le parebrise de sa voiture. Placé devant le juge il a eu 12 mois de prison avec sursis pour défaut de permis de conduire, six mois de prison ferme pour harcèlement ; pour une adoption d'un petit chien qui mange les miettes de pain tombées de la table, c'est cher payé. Promesse de rendre le chien à la SPA ? Ou dilemme de reprendre la vie commun comme si rien ne s'était passé c'était la condition de la femme intransigeante. Un don à la SPA et tout sera effacé, quant à la prison il faudrait que Léopoldine sa femme retire sa plainte.

Les faits divers sont pleins d'histoires que la vie de tous les jours nous rend visibles. L'exemple sur le journal local de deux musulmanes voilées qui stationnent sur une place handicapé pour décharger leur voiture. Un homme et son fils apercevant cette scène leur intime par une sage parole d'aller ailleurs. Des cris de reproche commencent et un homme sortant du kebab voisin, assurément le mari de l'une des deux femmes, des témoins s'attroupent autour d'eux. L'homme sortit un couteau et un bagarre s'engage, tailladant le vêtement du père qui réplique en endommageant la voiture. Le père, impliqué en justice, l'avocat plaidant la légitime défense, sera condamné à 6 mois de prison avec sursis et 400 euros d'amende pour avoir voulu faire justice soi-même.

En cette fête de l'annonciation et la sainte Elisabeth mon docteur me prescrivit un médicament contre l'hypertrophie de la prostate : le Permixon, terme médicamenteux et symbolique d'un remède à ce mal douloureux et gênant m'obligeant à me lever jusqu'à trois fois par nuit. Traitement long sur six mois. 2016 est une année bissextile. Dans l'attente de son permis de conduire, mon fils (son en anglais) va entamer sa vie d'automobiliste. Il prit acte des risques de la conduite aux surprises de la route qui ne manqueront pas, je lui conseille de rester vigilant en toute circonstance, une auto n'est qu'une machine utilitaire jusqu'à ce que cette machine soit nuisible à la santé du corps et de l'âme. (voir les robots d'Isaac Asimov).

Aujourd'hui dimanche c'est le jour du Seigneur, tout commence par une tempête, jour du Christ roi. Est-ce la fin de la miséricorde ? Le prêtre annonce qu'une quête pour les migrants a dépassé la somme espérée. Que va-t-il en être du surplus ? Alors que trois ou quatre millions de chômeurs attendent à la porte de pôle emploi, les uns pour pointer, des autres pour chercher réellement du travail. Enfin il y a ceux qui vivent dans l'oisiveté, vivants aux frais de l'État par son aide et ne recherchent pas de travail. Le pli pris ils sont devenus des zombis marginaux en errant à la découverte d'une amitié perdue. Qu'un nouveau migrant foule le sol français s'il est chrétien, il pourrait être logé par la paroisse ou la commune, recevoir des aides personnelles pour apprendre le français que nos jeunes ont déjà du mal ! Les élèves entrant en sixième ont déjà pour une large majorité d'entre eux la difficulté d'écrire le français sans faute. De là à imaginer qu'ils pourraient penser sans disconvenue avec leur langue d'apprentissage. Les migrants seront de nouveau assistés. Ils ne sont pas percepteur ni curé ni docteur. Ils seront aptes après quelques mois à faire des reproches à l'État, hâtifs ou pire, violents en se mettant en colère. Une patrie d'insatisfait, de névrosé, d'inutiles, d'assistés, au pire recroquevillés en SDF qui ne font honneur à personne : sont-ils debout pour quémander ? Là encore la messe est devenue opium du peuple et ne vaut parfois pour la société qu'une pièce d'un centime retrouvée par hasard sur le sol de la nef mal nettoyée et reversée comme obole dans une corbeille après la prière universelle. C'est tout ce que ça vaut, pour moi, je l'entends dans ma conscience de paroissien : un centime pour financer des migrants alors que la dette publique ne cesse d'augmenter à des milliers de milliards, ils sont de futurs rebelles, sans autre droit que faire des manifestations publiques pour se faire entendre. Où va la France ? Une homélie pleine de contradictions sans contradicteurs. La rosée sert à décliner la chaleur. Je préfère en différé déclarer mon opinion à qui m'aime me suive à la sortie de l'office avec sagesse et dévotion au prêtre délégué ce jour.

Après cet épisode religieux une courte marche vers le lieu de vote sous le vent et la pluie. Nous croisons des voisins, des gens qui par idéologie vote rassemblement national au lieu de s'abstenir. Je les imagine le soir rivés devant leur poste de télévision pour suivre la fin déjà des primaires de droite où sept candidats-auteurs de livres divers se seront partagés le pouvoir. Au lieu de financer leur organisation électorale en reversant les marges de leur livre à leur parti. Voici qui nous aurait évité de payer un droit de vote à deux euros ; que les SDF ou certaines personnes en difficultés ne peuvent dépenser pour ce jour qui n'est pas fête de le démocratie, mais celle du portefeuille. La Cinquième République avait vu un 28 septembre 1958 un vote au suffrage universel par notre Général de Gaulle. Il n'a jamais été question de payer pour voter, même pour des partielles, mais plutôt de verbaliser ceux qui ne votent pas. Encore une dérive de société que je dénonce comme le mariage pour tous en 2011 par la gauche, mascarade d'une société antinazie qui n'ose que dans les omissions fiscales ou le ridicule.

Dans le cadre des activités ludiques de l'après midi un loto est organisé depuis longue date, nous y participons avec une réussite nulle, de plus mon régime amaigrissant était un peu oublié avec une part de brownie, pâtisserie que je n'avais pas mangée depuis des lustres, en entrant en tentation. On dit que le manque crée le besoin ; le sens du goût exacerbé avec sérénité et délectation nous fait espérer jouer un numéro gagnant, consolation à notre participation discrète. Nous allons attendre l'année prochaine au christ roi pour retenter notre chance.

De retour à la maison la soirée électorale allait nous réserver une surprise : l'élimination de Nicolas Sarkozy. Au point du jour où la journée s'achève il fallait bien une bonne nouvelle sous les diatribes des journalistes qui plantent le décor. C'est avec satisfaction que mon épouse acclame l'alternance sans la répétition. La retraite de l'homme public va résonner en parallèle par sa retraite privée avec Carla. Il reste seulement à affiner les relations passées avec Fillon, son ancien premier ministre.

Le lendemain de cette journée extraordinaire se déroulera un concours de tarot où je fis très bonne figure. Dieu ne joue pas aux dés croît Einstein, je ne suis pas loin de partager son affirmation. Yam ou 421 tout est hasard avec les dés à jouer et leurs six faces ; avec les cartes de tarot hors divination, le hasard par le battage des cartes et coupage est grand. Pourtant il est indéniable que la chance peut sourire souvent aux mêmes joueurs en plus de leur art de jouer il en est que la chance n'est pas égale pour tout le monde. Aujourd'hui rien de bon, pas de récompense, en fin de partie. La remise des prix se fera sans moi, car je n'ai pas atteint le score pour obtenir au choix une bouteille de vin ou le confit d'oie. IL y a des moments qui se réitèrent où l'on s'ennuie à l'extrême, absence de contrat d'attaque et petit jeu de défense ou de défausse. Pourtant j'avais ce matin gagné à un grattage 20 euros dans une pochette de trente tickets. Un gain à partager avec ma femme, nullement émue. Sans augure à répétition la chance m'avait quitté, mais peut-être valait-il mieux perdre que de gagner ce qui fait grossir comme le confit ou une bouteille de vin, don que les esclavagistes du XVIIIème siècle faisait aux tribus autochtones africaines avec du vin. Oui rien gagner est préférable à ce cadeau empoisonné qui enivre. J'avais appris à boire et consommer avec modération au contact de tous ces séniors qui composent l'association ; j'y venais trois fois par semaine, maintenant je m'inscris aux concours un fois par quinzaine.

J'avais attendu le bon moment, en fin du deuxième round pour embrasser Françoise qui m'avouait perdre beaucoup. Tout comme moi je ne réussissais pas à sortir la tête hors de l'eau c'est à dire avoir un score positif. J'étais huitième au classement général après cinq journées et avoir été au terme de la troisième journée sur cinquante six participants à la première place.

Je n'ai pas réussi à conserver mon score et mon classement : la guigne, l'ennui, avec tolérance pour ceux qui avaient du jeu et gambergeaient ; ce n'était pas mon cas, c'était aussi raviver quelques flammes de jalousie, que j'éteignais en parlant de la pluie et du beau temps. Une femme de la communauté nous prévint que le président de l'association âgé de quatre vingt cinq ans était hospitalisé pour une opération du cœur, cette annonce au moment de la présentation des lots refroidit l'atmosphère silencieuse du lieu. Je décidais de partir avant la dégustation de Beaujolais prévu au terme du jeu. Je fus le premier à partir sans récompense après une bonne participation ludique qui se reproduira dans deux semaines.

J'allais poursuivre ma soirée en produisant mon esprit sur le jeu Candy Crush Saga, compétition gratuite qui m'unit dans ses scores à d'autres à la faveur de l'internet. Puis enveloppé par les ténèbres des réverbères allumés selon un discours oui ou non je me projette au repas lions club d'Elancourt ! Je fus accueilli par des bons sourires sous lumière artificielle, j'avais endossé la tenue smart de ville avec cravate et blouson de cuir ; un cocktail nous fut servi et à sa suite une assemblée générale avec ordre du jour les activités passées et futures. Un tour de table permit de nous présenter et dire quelques mots. Habillé de l'habit de lumière la parole est plus aisée, plus facile de se faire écouter par l'auditoire. Après un quart de verre de vin les sujets sur la tolérance, les vaccins contre la rougeole, dernière maladie connue à éradiquer, les interactions entre pulsion, incitation ou harcèlement ; tous nos faits divers semblent auréolés de ces trois composantes. Au centre de la volonté de l'être se situe le point d'équilibre par tous les moyens dont il dispose, aussi les plus violents. Ayant extrait toute épine de culpabilité les coups de téléphone répétés à une même personne sont des vecteurs violents, voire guerriers. 1870 et sa guerre, n'at elle pas été déclenchée par une dépêche qui annonçait le mariage entre prince et princesse de pays différents. Ce qui faisait une Alliance étrangère au poids puissant, devant notre République. Donc attention à nos tentatives itératives ; se poser la question : n'y a-t-il pas mieux à faire et par d'autres moyens ? Le harcèlement par téléphone, celui plus pernicieux sexuel ou simplement les auditoriums improvisés des voitures dont les conducteurs non soucieux de la gêne occasionnée aux piétons, accroissent le son musical du rap de banlieue jusqu'à un haut niveau de décibels. Leur liberté d'agir impressionne mes oreilles et tancent mon cerveau, nous font regretter que les immeubles n'aient pas quelques musiques d'ambiance de bienvenue quand l'interphone parle.

Il y a aujourd'hui pour la seconde fois cette saison une chasse aux feuilles tombées des arbres. Notre banlieue ouest est très forestière et les trains ont à surmonter la gêne des feuilles tombées des arbres, parfois de grosses branches. Avec la pluie les feuilles restent collées et occasionnent des problèmes de freinage, des retards et du mécontentement. Des wagons laveurs, plus de vingt sillonnent les trajets empruntés par les rames de train, ce n'est pas le cas du métro enfoui sous terre sur la plus grande partie du réseau. Ces wagons « râteau et laveur » font partie du paysage d'automne. Bientôt l'hiver il y aura d'autres nuisances avec le gel et la neige. Les monstres d'acier, tagués parfois nous sont utiles alors que 98 % des conducteurs sont des hommes ; faire le ménage des feuilles n'est pas un travail féminin ; elles se cantonnent à des postes de secrétaires, au contact public plus avéré.

En cet automne, si bien géré et organisé sur le réseau, marcher sur un tapis de feuilles est un bien-être et n'est pas un mauvais exercice, pas aussi bon que de se masser le dos avec un tapis de feuilles synthétiques à la maison. De retour de la Martinique nous apprenons que le chat Mielle a dû être piqué, c'est à dire euthanasié, sa maladie ne l'autorisait plus à s'alimenter et sa maîtresse fut résolue à abréger ses souffrances. C'est le lot de tous nos animaux domestiques auxquels on s'attache, ils ont une espérance de vie bien inférieure à l'homme. Ainsi sommes nous entraînés au chagrin de la perte d'un être cher.

Un repas de moules marinière m'a toujours ravi, ce jour mon menu typique Religion-culinaire se compose d'une terrine Saint Jacques surmontant une tranche de pain de maïs, en souvenir de mon père fumeur de gitane de maïs. Dans un deuxième temps un plat renouvelé tous les mois en « -bre » ; nous nous fixons aujourd'hui 24 novembre les moules de Bouchot proposées à 13 euros, j'en profite un max avec oignon, huilé de l'huile de pépins de raisin, piment, feuilles de laurier accompagné d'un blanc aligoté ; un pavé de céréale accompagné par une boisson coca light à zéro calorie... Je dois continuer le régime pour perdre mon surplus de poids et oh ! Merveille de ma volonté sans contrainte j'ai déjà perdu 10 kilos. La préparation des moules fraîches est ritualisée ; après un lavage primaire mais primordial, un tri minutieux écarte celles entrouvertes ou à la coquille cassée, les algues emprisonnées en chapelet sont également expurgées de leur tenaille de mollusque. Leur couleur noir charbon me fait penser encore à la couleur noire d'Elisabeth en ravissement 40 années en arrière, je me remémore mes étreintes fatales dans la chambre du Celibatorium en Côte d'Ivoire. Ma femme n'a pas à être jalouse je conviens qu'elle ne doit plus appartenir à notre monde « terrestre », l'espérance de vie dans ces pays tropicaux qui n'ont pas les services sanitaires développés est bien moins élevée que dans notre ancien continent. Je pense qu'un peu de nostalgie ne me fait pas de mal lorsqu'on est seul à gamberger ou faire la cuisine. Cela fait de mal à personne sans me dévaloriser, année jubilaire où la miséricorde du pape apporte le pardon pour l'avortement qui est pour l'homme un acte contraire à sa raison, à la morale de la vie à respecter, même les conditions financières d'avant sans commune mesure avec ma situation d'aujourd'hui suivant le long processus d'héritage partagé avec mes sœurs.

La justice si elle n'est pas morale pour le futur père l'est pour la femme désireuse d'avorter. En tout état de cause la décision revient à la femme qui en supporte la plaie physique et morale. La miséricorde tombe à point pour pardonner l'avortement même si les faits passés ne peuvent se changer et se commuer en une faute de jeunesse.

Mon père se félicita un jour d'avoir un héritier, il en sut mes affres qu'à la lecture de mon premier livre « les plis de ma mémoire » non disponible à la vente car très personnel ; mon père a pu détecter quelques fautes d'orthographes il le dit avec ironie devançant ma misère de père ancien raté. Son petit-fils né en 1986 l'a rempli de joie. Il en est de grandes œuvres comme celles des mémoires du général De Gaulle, truffé de quelques fautes.

Donc dix ans après, mon fils naissait après cette aventure malheureuse qui froissait mon ego et ma conscience, c'était une part d'histoire non dévoilée ; je n'eus pas de mal ensuite à assumer mon statut de père, dans un environnement stable de travail et un bon logement dont je n'étais pas propriétaire ; ce fut chose faite en 1991 grâce à l'aide financière de mon père. Vivre pour manger nenni et manger pour vivre Okay. Continuons à éviter les boissons alcoolisées. Deviendrais-je aussi gai et positif sans elles ? Pour l'instant sans manque, ni trop d'envie je m'applique à accueillir une goutte de vin dans un beau verre avec plaisir surtout lorsque je suis en compagnie de personnes sensées ou associées.

Mon père dénonçait les excès comme un mal pernicieux, nos Pères ecclésiastiques, s'il y en a, devraient en tenir compte, eux qui racontent : ils sont les rapporteurs des mêmes histoires d'Evangile depuis deux mille ans sur Jachée et Jésus alors que le publicain aussi petit sans doute que Sarkozy dut monter sur un sycomore pour l'apercevoir et lui parler : « Si j'ai fait du mal à quelqu'un, je lui rendrai le bien décuplé » dit JACHÉE. Ainsi le rat adepte de la lésine et de l'avarice va se convertir à l'annonce de l'approche de Jésus. Inutile de réitérer ses paroles dans nos messes contemporaines où il est question de s'endormir ou de faire la sourde oreille pour éviter de réécouter cette parabole reprise par nos quatre évangélistes. J'en sais quelque chose, oublions la dévalorisation que la Nature aurait pu m'infliger. N'ai-je pas perdu un centimètre de taille haute depuis mes vingt ans ? Sans déprimer et se nourrir d'orgueil, lié à mon nom, comme Eschyle disait. Tout est capital à Paris. Du haut de mon mètre soixante-quinze j'étais devenu la fierté de mon père, plus par mes diplômes, car lui est sorti major de l'Ecole du Trésor et moi maître en informatique de gestion à Orsay ; réussite sans redoublement dans une lutte sans merci vers un savoir civilisé après avoir étudié les progrès des sciences fondamentales, mathématiques et physiques.

Au total 37 années en cosmos de travail et de prière, enfin.

En résumé j'appris de ne pas vexer mon supérieur qui le rapporterait à son supérieur hiérarchique, qui le mémoriserait pour comptabiliser mes défauts pour les ressortir le jour de l'entretien de notation sans tenir ma croix et la certitude en mes qualités en concomitance avec l'affichage de mes défauts détectés et amplifiés par la procédure obligatoire. Maintenant je n'ai qu'un seul supérieur : Dieu ; moi en retraite, je l'aime et l'adore.

Pendant mes années de travail, le miracle de la foi et le sacrement de mariage, la foi apparut pour ne plus me quitter. Je fus jugé taciturne et sournois pendant mes années de collège mais je souffrais de myopie, je voulais satisfaire l'orgueil de mon père et courir après les diplômes. L'antisèche ne me culpabilisait pas le moins du monde, le tout était dans la classe de ne pas se faire prendre. J'eus la chance d'entreprendre des études supérieures. La vie salariale prit le relai sans interrogation écrite hormis le CV. Les tâches administratives hors finances, me rebutaient religieusement par leur impersonnalité. Lutter sans persécuter les autres en attendant le temps de la retraite ; là c'était la fuite en avant avec parfois un mur au terme.

Chapitre 4   Châtaigne

L'automne c'est le mois des salons, Marjolaine, bio, bien être, la saison des marrons en cornet, avec un poids minimum à la vente. Marrons frais d'Ardèche pour cinq euros en poche. J'allais les déguster rituellement, ils étaient tendres et croustillants. Mes amygdales en étaient ravies ; j'avais pris l'habitude de les engouffrer dans un linge de maison à la façon tradition de ma grand-mère. Ceci permettait de continuer à les tenir au chaud en conservant leur saveur. Tout en chemin je prenais le soin de les décortiquer sans me brûler « chauds les marrons ! ». Délicatement avec l'ongle de l'index de la main droite le marron ne résistait pas encore, tout chaud ; inutile de vous dire qu'il fallait les manger sur place et ne pas attendre le retour à la maison. La chair moelleuse à souhait et ferme délivrait un acte sensuel et gustatif de premier ordre, l'estomac me le dit dans cette grisaille de la nuit tombée qui enveloppait les arbres d'un fantomatique spectre noir. Cette année la lune est au plus près de la terre, comme chacun sait, la trajectoire de notre astre n'est pas circulaire, plutôt ovale et irrégulière, même si notre astre de la nuit présente la même face éclairée à un observateur terrestre.

Cette fois je me dis que derrière la fine pellicule de surface des marrons il existe une forme blanche ayant la forme cassée d'un croissant de lune. Le marron objet symbolique de cette période de longue nuit qui submerge le paysage avec un halo de lune en prime, l'odeur de marron grillé se multiplie aux alentours comme un repas de chiche en guise d'amuse-gueule. Le marron de l'Ardèche c'est du sérieux par leur taille il est plus gros plus rond que les châtaignes ramassées au gré des promenades automnales.

Je dois dire ou vous avouer une chose j'avais eu une intrépide impatience à les dévorer. Noirs certains comme du charbon parfois trop durs pour être mâchés, c'est l'occasion de partager les meilleurs. Pour la science évitons de rater la cuisson de nos châtaignes, cuites à la vapeur elles se fragmentent en des morceaux de pâtes farineuses, presque indigestes ; là au dehors, les marronniers font office de pros. On donnerait ces morceaux à des porcs plutôt qu'aux chiens.

Très fidèle à réaliser mon devoir conjugal dans une bonne harmonie, je suis dans l'attente d'un examen échographique pour analyser ma prostate. Demain je serai fixé sur sa grosseur, châtaigne ou marron on verra. Sans appréhension sans douleur car j'ai dans la poche deux marrons pour anéantir le mal selon les dires et le conseil de ma tante qui m'étonne par ses remèdes de grand-mère, je la crois un tantinet superstitieux.

Inutile de se mettre martel en tête, oublions les non-réponses des journalistes car pour vendre mon premier roman je me cantonne de la bouche à l'oreille pour sa promotion. Aujourd'hui je ne manque de rien, mais demain ? Je suis porté par mon association lions club à rechercher des gens susceptibles de donner à la banque alimentaire. Samedi nous avions entrepris de changer de WC qui s'écoule mal une fois sur deux, le temps de gaspillage de l'eau est révolu.

Mon Dieu purifie moi par l'hysope et fais moi digérer les marrons grillés. Ma diététicienne m'avait conseillé de m'abstenir de manger un pain au chocolat, mais pas le couscous. Ce matin les résultats de l'échographie de la prostate et des voies urinaires, examen très désagréable à cause de l'introduction d'un « sex toy » médical dans l'anus qui refroidit encore plus mon esprit à l'idée du mariage entre homos, mariage pour tous, oh ! Land pauvre France ! Comme si il n'y avait pas d'autres problèmes à résoudre en toute fin. A cet endroit visé et inexploré, digne des forêts vierges équatoriales où jamais le pied ou la main de l'homme ne s'est posé, je ne pus retenir un gémissement de douleur. Explosion de conscience de dignitaire chrétien !

Défavorable à l'immigration de migrants homosexuels ou hétérosexuels voire terroristes. Ce débat prend racine dans l'indignité du né « caca mou » qui sans vergogne salira ma réputation, le nom que je porte. Ainsi en sortant de la pièce d'exploration fonctionnelle et après la dictée de compte-rendu du médecin je ne pus qu'apprécier le moment tranquille de la fin de l'épreuve en disant tout en respectant les lieux et l'opératrice :
        - « Comme cadeau je vous remercie pour votre compétence ! (lire con pétant ce) ».
Donc sans profaner d'injure, on peut rester humble sans se sentir humilié et payer ce qui est dû, 75 euros payés dignement. Du département de Paris il est clair que l'entrée des salles de shoot types « hollandaises » est gratuite pour tous les homos de la capitale ainsi que dans les poulaillers gardés par les oies du capitole. Donc quelques enjambées me font atteindre le bar où on délivre un pain au chocolat avec un café : première entorse à mon régime. Je n'avais pas faim seulement un goût prononcé à reprendre mes vieilles habitudes, un ticket de grattage perdant pour toute récompense.

    Peut-on encore faire confiance aux hommes, aux chinois en particulier ? Deux hommes qui parlent dans la rue sont-ils obligatoirement homos ? Enculés de leur race ? Et nous, les hétéro-raciaux que nous sommes tous par nos cultures diverses et solidaires avoisinent-ils notre entourage ? Il en est comme de l'Amour caché en boîte, il faut cet outil qu'est le pénis spécialement pour affirmer sa sexualité et ouvrir les yeux devant la Nature des êtres des animaux des plantes qui n'évoluent pas toujours dans le sens de la Création. Je conçois que les races de chiens poilus sont les plus nombreuses, il en existe sans poil mais la diversité des hommes et des femmes qui ont un sosie ou un frère jumeau nous fait penser que nous sommes tous uniques par image de Dieu unique, nous sommes témoins de son alliance. Ainsi le sosie de ma marraine me hante dans la rue, ce n'est pas mon ange gardien je ne lui adresse qu'un regard absent mais ceci me donne l'idée de lui téléphoner pour converser sur son jardin. Aujourd'hui dernier week-end de novembre, je vais participer à la collecte de la Banque Alimentaire. Distant de neuf kilomètres l'Intermarché ouvre ses portes à neuf heures à la clientèle. Posté à l'entrée j'avais la charge de donner un sac et une description des produits non périssables.

Toute la matinée verra défiler une centaine de personnes qui à quatre-vingts pour cent acceptaient le sac qui encourageait vers un achat spécifique de don collecté après le passage aux caisses. Là un tri rigoureux par catégorie, les cartons pleins étaient dirigés vers la camionnette de la Croix Rouge, en toute bonne organisation. Tout est coordonné même si certains clients ne veulent pas donner au même organisme de la veille à Auchan. D'autres sinistres personnages passent devant nous sans nous adresser la parole, plus longuement deux hommes connus de mon temps d'activité professionnelle et travaillant encore me permettaient de positiver des temps de palabres. Un rafraîchissement de données en guise de rencontre surprise. La pause d'une caissière pour fumer allait démontrer certain talent pour la conversation improvisée, en face d'inconnus mon gilet du lions club qui n'est pas un gilet pare balles me protégeait des questions curieuses ou insidieuses. J'allais dépasser mon temps prévu en plage horaire lorsque j'ai eu l'idée d'acheter une soupe de poissons, qu'un membre du club breton m'avait conseillé et deux tablettes de chocolat... Il faut savoir se récompenser. Ma femme a un goût prononcé pour la poêlée de poisson, elle en aurait acheté et ma liberté fut un moment assouvi. Sans autre forme de procès je quittai les sympathisants présents ou en relai et repris la route en espérant que pendant mon absence de chez moi le WC ait été changé ; mon beau-frère et un ouvrier s'affairait à démonter le réservoir puis à juger l'écoulement d'eau normal pour l'évacuation. Quant à notre tasse de cacao elle restait à se refroidir en attendant que le caca d'en bas s'évacue… Sans être traité de scatophage le WC est utilement utilisé plusieurs fois par jour surtout comme c'est pour mon cas je possède une prostate légèrement hypertrophiée. Car de l'avis du médecin traitant il s'avère nécessaire de boire deux litres d'eau ou de tisane par jour pour s'assurer d'une bonne santé et d'un bon état général. L'abstinence quasi parfaite d'alcool sauf le dimanche où je me sers un pastis, juste de quoi m'affirmer comme citoyen de Saint Quentin et paroissien. Idéologie quand tu nous tiens : une bonne réputation liée à mon nom patrimonial, un pari sot.

Le dispositif du WC terminé dans sa mise en place nous partons par le transilien pour rejoindre radio France et la journée du livre ; ce sera mon premier contact certes superficiel avec des grands écrivains qui éditent leurs idées pour le plus grand nombre.

Sans vergogne un premier contact avec la librairie responsable de cet événement, affiliée à Radio France ne fut pas très chaleureux. Je ne présentais rien. Je compris que les exposants étaient là parce qu'ils étaient connus par leur mondanité ou inscrits par copinage avec un membre influent de la maison. Je n'étais qu'un visiteur susceptible d'acheter rien de plus. J'avais pourtant emmené au cas où, six exemplaires de mon dernier roman dans le cas d'un désistement, une place se libérant je n'eus pas l'opportunité. Après avoir analysé la situation des maisons d'éditions au premier étage je m'aperçus que Gallimard y était représentée mais pas BOD qui regroupe trente mille auteurs. De quoi être malheureusement surpris. Je me promis de contacter ma maison d'édition pour leur signifier leur non-représentation au service client qui n'est pas très efficient. Je suis seul devant le monde de l'édition ; l'idée souffreteuse de mon premier contact avec le monde de l'édition et des dédicaces m'a soufflé une complainte en une centaine de lignes de « *âne à lise* ».

Je voudrais que le monde me lise
En oubliant les sites où je m'enlise
Des journalistes qui se pavanent
En me donnant un bonnet d'âne
J'ai déjà plein de livres dans ma valise
Des livres avec photo qui stylisent
Que l'on regarde à travers un Ray ban
Tout en mangeant un pain Poil âne.
On ne prête qu'aux riches, modèle que j'idillies
Mais je voudrais trouver la bonne vocalise
Parce que las de mon cigare à la Havane
Je me déguiserais en prêtre à soutane
Je voudrais trouver un meilleur rôle pour Taylor Lise
Plutôt qu'être un maillon faible dans la lettre à Elise
Plus volontiers je lui offrirais de la gentiane
Assis à côté d'un chauffeur dans sa Mégane.
Faire des longueurs toujours plus jusqu'à la balise
D'ennui mes muses me susurrent : il faut que je relise
Tel un musicien à rimes, tel un mélomane
J'utilise mon don d'organe comme un soprane
Merci pour votre écoute muette votre sourde analyse
Oui tant pis si je me fossilise
Plutôt que courir sur des pistes en tartane
J'écris toujours avec mon stylo pointe en titane
A vous aimer je me pyrolyse
Dans des bains de pétrole ou de charbon je me syphilise
Jusqu'à me faire péter le cerveau et le crâne
Sur mon blog il faut que je me personnalise
Viens ! Journaliste que je te revitalise
Outil informatique délaissé, ma bécane
J'en engloutis plus d'un verre, un jerricane
Avec mes accents de poète et mes rimes je moralise
A cause de votre mutisme, j'infantilise
Aux talents de divination je retourne aux arcanes

Le Bon Dieu en Seigneur en ricane
Sans dire je m'alcoolise
En attendant la postérité je pastellise
En déversant des torrents, vanne ouverte
En buvant un gorgeon de bière de Vézelise
Là une revue de presse, je focalise
Marchant dans la steppe près de la savane
Je côtoie l'ombre jaune de Bob Morane
Dans l'espoir d'un mot en retour j'avalise
Je présente un premier roman où je me canalise
Je me sais plus près du Rhône qu'à Roanne
De quels détours affronter la chicane ?
Descendant de Saint Louis mes gênes m'idéalisent
Leur sombre invisibilité indifférente me paralyse
Je pense tu es vieux tu auras besoin d'une cane
Si tu as un mal prends un cachet de doliprane
Entre moi et la mort il y a catalyse
Sortez homos du con la pub vous civilise
En image, une suite d'oasiens en caravane
Font fi de l'Église romane ou anglicane.
Jésus j'ai confiance en toi. ton Père sacralise
Avec la foi demain je christianise
Pas besoin de flèches au bout de la sarbacane
Je conduirai le journaliste dans ma cabane
C'est vrai, il ne faut pas que je culpabilise
Je n'oublie pas ma bipolarité et je la stabilise
Partout j'écris sur le papier, le cuir je le tanne
Tout est bon pour l'Esprit qui en émane
Je prends la route je géolocalise
Collectionneur de bons mots et de bocaux je stérilise
De Grenoble à Chambéry en passant par Erevan
Je me sens d'une ferveur occitane
Contre la peine de mort, ami d'Hugo France je coalise
Toutes ces pages blanches je les monopolise

Sans faire exploser mes bonbonnes de butane
Je ne veux plus attendre que mes fleurs se fanent
Intrigants journalistes attention mon cerveau s'anabolise
Il y a partout une sentence que je symbolise
Après une infusion du soir de badiane
Je rêve à un jardin rempli de pivoines
Je n'oublie pas la patience qui tranquillise
Ni l'espoir d'être reconnu par un encart, Oh Please !
En attendant, les hyènes de la brousse ricanent
Sans oublier dans la mare les cannes
J'attends de vos critiques une crème sucrée qui caramélise
Par une élite transparente qui me syndicalise.
Toutes ces odeurs ces effluves qui en émanent
Parfois il vaudrait mieux vivre en Toscane.
Je peux offrir un poster rieur à mon livre qui immortalise
A l'heure où les tags et le franglais rivalisent
Me chauffer au besoin au propane
Par peur d'exploser sans que je me damne
Enfin connu, en rêve stérile ou puéril je me naturalise
OH ! Presse nouvelle migrante de l'esprit qui réalise.
Il vaut mieux avoir une bonne assurance au Gan
Que de s'acheter aux Balkans une Logan
Me répandre avec ferveur je me volatilise
Appréciez-moi sans que je me pénalise
Les hommes politiques, Mélenchon en premier ahanent
Moi je vous dis : faites confiance à un inconnu, Sofiane
Pensez positif ! Il se peut que je m'anoblisse
Las de vous, chroniqueurs de France et de Belize
Souhaitez vous faire un cadeau ou une manne ?
Ou gagner un aller-retour sur la Ran ?
Votre plume pour écrire un mot je l'utilise
Contre vous ou sans vous je me responsabilise
Au jeu des damiers les oies cancanent
L'espoir fait vivre par des poires Crassanes

A me faire connaître pour votre carte je me finalise
Jamais à la une reste le choix que je subtilise
Sans craindre éternellement la panne
Ne vois-tu rien venir sœur Anne ?
Je me dis auteur avec des frais que je rentabilise
J'irai après la confesse humblement quêter à l'Église
J'en ai parlé à Roxane à Yan et à Jeanne
Après avoir tout dit tu iras voir Thiran le profane.

Si après cela, comme les journalistes peuvent obtenir gratuitement mon livre, s'ils ne me font pas de doux yeux ou des critiques sortant de l'ordinaire quelles soient positives ou négatives, c'est comme une affiche de spectacle aux termes attrayants qui ont la puissance d'influencer la conscience des passants scrutant les murs du métro à la recherche d'un peu de lumière naturelle ou d'une star réputée auréolée et encensée.

Sa ou fé dit-on en créole martiniquais. La question qui se pose aujourd'hui : « Comment empêcher les hommes à mourir jeunes ? » par la fondation québécoise Movember. Cette association conseille par des dons à accueillir une aide dans le cas d'événements familiaux qui font difficultés. Elle recommande de porter une moustache de trente jours. La non reconnaissance de mes livres par les médias pourrait me rendre plus malade que je ne suis. Les hommes meurent plus tôt que leur femme, leur espérance de vie est de six ans inférieurs. Pourquoi prendre femme plus âgée que soi alors en une courte vie ?

La messe dominicale allait nous réserver un coup de théâtre ; à l'avent le prêtre en soutane soutenait son homélie après l'Evangile du jour sous une forme et un fond bien personnel tout en ne critiquant pas sa situation de célibataire car dévoué au culte de Dieu seul mais il nous dit qu'au petit matin son réveil sonne et lui suggère des pensées non chrétiennes ; transplanté dans le réel il ne peut oublier qu'il est soumis aux mêmes lois naturelles que les autres paroissiens ; ceci le rend plus humain. De sa chambre de presbytérien il connaissait une tentation par une érection fortuite ; lui qui n'a jamais été malade ce fut sa remarque du dimanche. Sorti de la congrégation de l'Emmanuel tout récemment et alors que la papauté ne reconnaît pas le mariage des prêtres depuis un bon millénaire notre Père Fabrice nous avait avoué un réveil difficile. Serait-il devenu un homme comme les autres ? Avait-il bien réfléchi à son célibat en entrant dans les ordres ? J'espère que la situation matrimoniale des prêtres va évoluer dans un sens plus naturel et moral en synergie fusionnelle avec ses paroissiens en famille. Il n'y a pas que les prêtres qui peuvent s'inspirer de l'Evangile, j'aurais aimé faire la route vers Flogny dans l'Yonne où le caveau familial a recueilli le corps de mes grands parents maternels et mes parents. J'avais préparé un texte pour lire en priant, je l'espérais inspiré.

Voici ce texte : « Bonjour Maurice, Alice, Michel et Colette ! Nous ne nous sommes pas réunis le deux novembre pour vous saluer, jour des défunts. En effet nous étions en Martinique à la Toussaint ; derrière les nuages et plus loin dans la constellation êtes vous bien ? Vos âmes sont en repos dans un paradis que nous autres vivants nous avons peine à imaginer.

Pour nous, survivants, notre mémoire nous offre les images de notre fratrie. Ensembles, nous ne faisons plus des projets terrestres car vous nous avez quittés.

En ce jour localisé de nos retrouvailles vous resplendissez dans l'univers par la lumière qui éclaire les vivants.

Pensez-vous ? A regretter votre vie terrestre, nous avons l'Eden certain jour, un orage parfois.

Comme la Vierge Marie je vous implore avec tous les saints d'intercéder pour nous vivants, petites choses en tracas et nous éviter peine et accident, mort subite ou longue maladie invalidante.

Le temps nous est fixé à nous enfants de Dieu pour vous rejoindre dans ce lieu de repos sans conflit et sans souffrance, lieu où vous vous trouvez, dans ce havre de paix que nous avons grande peine à virtualiser ou à réaliser.

Les jeux spiritistes et la science ne sont qu'une approche bien incomplète de l'immensité liée à la diversité divine. Pourtant nous aimerions avoir un contact avec vous, votre aura ne suffit pas. »

Notre moment de recueillement à votre mémoire a lieu ce jour dans de bonnes conditions et par un ciel immaculé. Nous avons à nous conformer à vos dates de décès inscrit sur le caveau ; rien ne presse devant l'éternité, il s'agit de lire les bonnes dates : le graveur paye ses impôts ! Juste retour des choses ; trois années sont passées depuis le 31 012014. La vérité reste intangible et ineffaçable par l'exactitude des inscriptions, le calendrier restera honoré par nos déplacements et nos engagements.

Le mois vingt et un n'existe dans aucun calendrier, grégorien ou Julien tout comme les hommes ne savent pas en le redoutant le jour du jugement dernier. Des créatures inconnues voleront dans le ciel et le messie réapparaîtra, toutes les larmes et les souffrances se voltaïseront. Nous en aurons fini avec le deuil.

En ce moment de prière nous évaluerons notre vie devant Dieu, lorsque la parousie sera là.

Nous devons être dignes et avoir une vie spirituelle en dialoguant continuellement avec Dieu, en le remerciant, lui, maître des âmes libres. Pensons que notre vie terrestre un jour ou une nuit prendra fin, nous saurons si nous avions tort ou raison de penser que la mort, la souffrance, la vie ont un sens. La mort est un passage, un sas, qui a ses heures d'ouverture comme les banques se réouvrira au moment de la résurrection des morts. Là nous serons réunis en un seul esprit avec le Père le Fils et le Saint Esprit.

La paix, devant l'immobilité d'un défunt ne peut augurer de mal : le contraste est saisissant avec le monde des vivants parfois agités ou hyperactifs qui n'ont plus le temps de prier de contempler de méditer ou de se recueillir.

Réclamons ce temps de paix et d'immobilité selon le cri du poète :"oh temps suspend ton vol !" pour que nous restions des êtres sensibles aux déshérités du monde, par notre disponibilité.

L'empreinte de votre vie terrestre, mes chers parents reste présente à notre conscience et aussi dans nos rêves ou rêveries. Notre conscience est dictée par notre cerveau qui donne un sens optimiste au réel de la vie, elle a été initialisée par notre baptême puis renouvelée sans cesse par l'eucharistie des fêtes dominicales.

Dans sa miséricorde Dieu nous recommande la persévérance. En attendant le monde nouveau, loin des jugements de valeur des hommes, de leur intolérance, leur jalousie, leur course au pouvoir ou leurs étranges actions incompréhensives . Dans ce nouveau monde l'argent ne sera plus le but de l'humanité où les puissances modestes ne craindront plus le gendarme parce qu'ils seront devenus sages et justes. Alors il y aura partage et charité.

Mes chers parents nous ne vous quittons pas par la pensée et nous resterons fidèles à vos principes, vos goûts pour continuer à vivre en enfants de lumière.

Plutôt que d'écrire pour soi je tente désespérément à faire connaître mes écrits de romancier débutant ou de poète pour le plus grand nombre après mon entourage. Certains y arrivent pourquoi pas moi, l'ambiguïté provient d'un proverbe de valeur: "pour vivre heureux vivons caché". Ainsi la notoriété serait l'antithèse du bonheur.

Chapitre 5   Poésie

De retour à la maison après avoir salué comme il se doit dame grégarité veuillez me pardonner et ne pas voir mes errements.

La poésie reprend ses droits dans le silence de l'annonciation de Marie. Des rimes en -rice et -lice vont maintenant se succéder, mes grands-parents maternels étaient prénommés Maurice et Alice, ils sont indissociables dans la fidélité réelle de mes souvenirs.

MAURICE ET ALICE

Maurice j'évoque ton trépas comme une cicatrice
Et aussi par ta douleur soudaine annonciatrice,
Alice j'évoque ton absence comme un supplice
Don d'argent et de liberté comme complices

Pas un docteur à la médecine salvatrice
Ne pût résoudre ta dernière mise en scène comme actrice
Même la voisine aux couleurs de silice
N'empêche la mort d'entrer en lice

Le poste de radio devenu muet sans cantatrice
Une autre voisine pleura plus tard en admiratrice
Tu n'avais pas prévenu les secours et la police
Sans téléphone comment bouger avec une cilice?

Je pensais aller avec toi au ciné mais la détentrice
Du pouvoir était la Nature corruption
On flanche toujours du cœur il agit avec malice
Que l'on réside au Pays de Galles ou en galice

Aux alentours quand tout fut fini il y a les interrogatrices
Les bons sentiments écrits chez l'éditrice
N'allons pas faire une expertise sur l'hélice
Ni boire pour oublier et vider le calice

Béatrice, Brice, Bénéfice où est votre matrice ?
L'avez-vous oubliée comme votre dentifrice ?
Je n'ai pas l'intention de parler à la milice
Qui distille l'ordre courageusement avec délice.

Le temps referme nos blessures, mais ne nous épargne pas les cicatrices.

Je rajoute à ce sage proverbe que le temps passe et nous rapproche de la finitude. Serons-nous assez fortunés pour nous acheter un petit appartement dans la capitale ? nous savons que l'honnêteté est souvent cachée, il faut savoir se récompenser avec droiture. Un casse rue de Rivoli chez des joailliers pour une cible toute trouvée pour des malfrats en quête de butin. Pour moi l'honnêteté se situe malgré les dires d'addiction chez la française des jeux on achète on gratte on gagne ou perd, c'est la vie. L'enseigne de la société s'est disséminé et dissimulé partout chez les buralistes dans l'espoir de gagner par ici un gros lot, une cotisation à l'état français car FDJ est devenue société privée. Cet impôt ludique était républicain et permettait de remplir les caisses de l'état, peut-être le trou de la sécurité sociale, contrer l'abaissement des allocations, diminuer humblement la dette publique, maintenant il s'agit pour elle de payer les bénéfices sur le dos des parieurs.

Le temps qui passe nous fait oublier nos blessures du passé, aujourd'hui un pic de pollution, à Paris seules les voitures à numéro impair peuvent rouler. La conjoncture n'est pas bonne, le terrorisme dans une basilique le pic de contamination du coronavirus dans une deuxième vague, les élections trompeuses en Amérique une économie qui bat de l'aile, un chômage qui s'accroît d'un million depuis janvier, le terrorisme. Le gouvernement doit gérer tout ça. Madame Hidalgo instaure la gratuité des transports le temps que les particules fines disparaissent, la chasse de celles-ci par les moulins à vent impuissants devant cet invisible fléau dû à l'activité routière en grande part.

L'argent est le nerf de la guerre encore faut il se donner des moyens, gratuité face à l'inéluctable prévision pessimiste, la météo n'annonce pas de vent... Passer l'air au chinois comme en cuisine pour mieux l'épurer comme une aiguille dans une botte de foin restant introuvable. De grosses turbines le font avec autant de puissance qu'une feuille tombant d'un arbre, impuissance.

Du bus 96 mon épouse s'est trouvée courroucée par une passagère pressée de descendre, l'altercation avec bousculade se poursuivit sur le trottoir, de crainte de voir les faits s'envenimer je m'intéressai en m'opposant aux vociférations sourdes des deux antagonistes pour m'éclater : "Pourquoi s'ébattre verbalement alors que les déplacements sont gratuits ce jour ?". Inutile de lever l'avant-bras et la main pour oblitérer notre ticket de transport, gain d'action et de peine, pourquoi se presser en ce si "beau jour" où la gratuité nous incombe comme le droit d'être de bonne humeur envers son prochain.

Revenant par un dernier vol de sa Grèce natale, la femme encombrée par sa graisse descendit du bus, ma femme moins pressée ne se comporta pas ainsi. Elle qui n'agresse jamais personne et moi un antialcoolique par nécessité ou conseil de la diététicienne je venais de boire une bière portugaise à 5% d'alcool, de nom Sagres.

Coïncidence et manque de synchronisation ont surgi présentement selon la théorie de la foule qui nous brasse nous éloigne de notre naturel zen.

Je vais vous relater ce qui m'arriva ce matin, je me levai comme à mon habitude solidement ancrée et prise depuis longtemps à cause de mon travail d'actif, auparavant ; à six heures debout ! Comme les aiguilles d'une pendule j'étais prêt à affronter une journée ordinaire de retraité. Enfin je le croyais. Je me suis dirigé vers le laboratoire d'analyses, à jeun, frais et dispos, rue Fulgence Bienvenue, un nom de rue qui allait augurer de la suite.

Comme je vous l'ai relaté auparavant. Bienvenue est un mot de salutation sacré, prédéterminé par le nom d'un personnage illustre, un de plus comme il y en a tant dans les villes, baptisées en honneur de gens décédés ou vivants. Donc j'allais à pied sans me prédisposer à aucun traumatisme.

J'étais loin de penser qu'à sept heures j'allais à l'encontre d'un trauma au point de trouver une inspiration pour écrire. Ce qui s'est passé est resté dans ma mémoire comme un affront, une trace indélébile que je tente de minimiser en écrivant dans mon journal.

L'action inopportune et violente d'un inconnu qui ne m'a pas adressé de bonjour en me frappant du plat de la main sur mon visage. En regardant en face mon assaillant je m'aperçus qu'il n'était pas dans un état normal, il n'était pas client du laboratoire et empruntait comme moi le porche étroit où les patients s'abritent de l'averse. Il me demande de passer mon chemin alors que j'attendais à la porte du laboratoire. Je déclinai son ordre alors que la secrétaire venait juste d'entrer en refermant la porte derrière elle.

Pour tout bavardage supplémentaire cet homme allait m'infliger une chiquenaude de première, à 64 ans je ne me souvenais pas d'un pareil affront. Je pensai au coup de poing reçu par un camarade d'internat qui me brisa une dent au lycée Diderot à Langres. Ce fut un coup sur ma gueule fomenté par une somme d'énervement en attendant l'entrée à la cantine. Une autre fois dans le village de Fayl-Billot je reçus en chemin une tige d'osier élastique dans l'œil droit, je devais croiser ce jeune ouvrier plusieurs fois, je l'évitais... Ce furent des atteintes physiques qui sont aujourd'hui pardonnées mais non oubliées.

En revenant à notre assaillant qui, sans retenue, avait échangé des paroles aigres douces avant d'asséner sa paume de main ouverte sur moi ; j'aurais été groggy et bon pour le compte avec un solde bancaire en débit ? Sa main fit un large cercle au bout de son bras et fit voltiger mes lunettes et sa chaîne à cinq mètres de là. Il s'enfuit honteusement et lâchement fier de son défoulement sans réplique. Myope je ne pouvais plus localiser mes lunettes hors de ma vue après ce valdingue.

Un témoin de circonstance avait vu la scène il était stationné à proximité et avait tout vu, il allait me donner ses coordonnées pour que je porte plainte à la Police si je le désirais. Chose faite après ma prise de sang je me dirigeai vers le commissariat ; là une policière très procédurière me recommanda d'aller rendre visite chez mon médecin référent pour un constat des affections physiques liées au coup.

Puis je serais traîné devant un médecin de la police, il sera question d'exposer les faits au Grand Patron, je refusai devant cette mesure de justice compliquée et qui gâcherai mon humeur. D'ailleurs je n'étais que blessé que dans mon amour propre.

Cet homme blanc m'avait honteusement et gratuitement violenté avant de s'enfuir par le porche du laboratoire. Par ma vue basse et l'heure matinale sans lumière d'éclairage je ne pouvais dévisager mon assaillant ou le différencier parmi un panel d'autres hommes lors de l'élaboration d'un portrait robot.

Jusqu'alors je n'avais eu de velléités envers personne au point de faire naître une offense à leur intégrité. Cet homme impulsif ne m'a même pas laissé le soin de lui présenter ma joue gauche après la droite, je n'en ai pas eu l'opportunité ni le réflexe religieux. Difficile d'aimer son ennemi ainsi que d'apprécier ce camouflet. Sans séquelles physiques je n'allais pas porter plainte contre X, une main courante fut établie sans beaucoup d'espoir de retrouver cet inconnu, ce passant impulsif. On sait que la police a d'autres chats errants à fouetter.

Et si je revoyais un jour mon agresseur ? Cette idée m'obsédera une bonne partie de la journée avant que le repos de la nuit soit salutaire. Ce fut pourtant le cas, le monde est petit...

Le reconnaitrais-je ? Difficile d'aimer et de pardonner celui qui sème des graines de violence à son prochain, un inconnu. Ce fait ne semblait pas aussi lancinant qu'une altercation entre voisin éméché.

Heureusement je témoigne aujourd'hui ce qui m'est arrivé, le souvenir est tenace à la porte du laboratoire, d'abord je dis oralement à ma femme, ma confidente, puis par mes écrits qui sauvent l'apparence. Mon père m'aurait aussi soutenu moralement, il aurait cherché à comprendre l'indéfinissable, lui était l'ami des bons et mauvais jours.

A ce jour les abords de la gare sont infectés de SDF aussi paresseux que crasseux qu'ils le paraissent. A chacun sa vocation, trop peu pour moi, retraité de faible budget. Parlons de la charité et du pardon pour les victimes de la société. Absence de dignité, repli sur soi qualité auto-défensive oubliée même en adepte d'aïkido que je ne suis pas. Mes lunettes et mes appareils dentaires sont certes des boucliers qui ne m'incitent pas à la violence ou au combat, un frein aux altercations. Nos jeunes moins handicapés vocifèrent en errant parfois sans but dans nos rues.

En ce troisième dimanche de septembre les entrées des sites patrimoniaux sont gratuites, les transports publics le sont naturellement rarement. A cette occasion nous réapprenons l'histoire de la Révolution et celle de l'homme et du citoyen ; la première constitution nous a donné la liberté d'aller et de venir, droit fondamental des pays libres, le confinement pour des raisons sanitaires est un palliatif que le Sénat à rejeté contre l'avis de l'assemblée nationale. La vie ne doit pas receler la peur rétroactive défait d'homme isolé asocial et violent. Ainsi si un musulman t'adresse son regard insistant il ne tient qu'à toi pour lui faire sentir qu'aucune confrontation fraternelle n'est possible, détourne-toi de lui ou reste impassible en un bel indifférent. L'intégrité et la sécurité sont les maîtres mots en vogue. Les guerres sont le fait des hommes, elles ont fait progresser la science hideusement.

L'école ne nous apprend pas la vie mais nous donne la culture à partager avec d'autres, lorsque le temps de la sagesse arrive, plus tard, les bancs de l'école nous manquent ainsi que nos professeurs.

Mes souvenirs offrent un grand vide, le temps présent me réconforte et me console.

Table des matières

Bibliographie du même auteur :

Les plis de ma mémoire
Une bonne conscience
Des mots au-delà des maux
Hier et maintenant
Moi, Claude fumeur en carême
Magot tabou pour toubabou
Biographie fils de percepteur
Ode et sonnets marotiques
Correspondance

Commande possible sur Amazon ou fnac

Envoyer tout message à l'auteur à mailto : cledel2@wanadoo.fr